Anselm Grün

Einfach beten!

Genehmigte Lizenzausgabe für Verlagsgruppe Weltbild GmbH, Steinerne Furt, 86167 Augsburg
Copyright © Vier-Türme GmbH, Verlag, D-97359 Münsterschwarzach
Realisierung: Ulrich Grasberger, München
Textauswahl: Ludger Hohn-Morisch
Layout: Dr. Alex Klubertanz, Garmisch-Partenkirchen
Umschlagmotiv Pater Anselm Grün, Aufnahme: Micha Pawlitzki, Augsburg
Bildnachweis: Bildtafeln im Innenteil: Micha Pawlitzki, Augsburg (2), Martin Wagenhan, Linkenheim (3), Medienprojekte München (1). Kapitelaufmacher: Rainer Sturm/pixelio.de (S. 12), Karin Jung/pixelio.de (S. 46), Rainer Sturm/pixelio.de (S. 78), Dieter Poschmann/pixelio.de (S. 112), Stephan Schmied/pixelio.de (S. 158), Peter Reinäcker/pixelio.de (S. 196).

Gesamtherstellung: Offizin Andersen Nexö Leipzig GmbH, Zwenkau
Printed in the EU

978-3-8289-5753-4

2014   2013   2012
Die letzte Jahreszahl gibt die aktuelle Lizenzausgabe an.

Einkaufen im Internet:
www.weltbild.de

Anselm Grün

Einfach beten!

Weltbild

Inhalt

Menschen und ihr Leben segnen

Beten in dunklen Stunden

Beten im Jahreskreis

Grundgebete der Christen

Quellennachweis

Die Texte dieses Buches sind ausgewählt aus Werken von Anselm Grün, die alle im Vier-Türme-Verlag, Münsterschwarzach, erschienen sind.

Bleib bei mir, Segensgebete für den Abend (CD)

Der Anspruch des Schweigens

Du bist ein Segen

Der Weg durch die Wüste: 40 Weisheitssprüche der Wüstenväter

Exerzitien für den Alltag – Meditationen, Anleitung zur Übung

Gebet als Begegnung

Gute Besserung

Gescheitert? Deine Chance – Wenn Lebensentwürfe zerbrechen

Geh mit mir, Segensgebete für den Morgen (CD)

Gebet und Selbsterkenntnis

Ich bleibe an deiner Seite – Sterbende begleiten, intensiver leben

Mein Gebetbuch: Meine persönlichen Gebete

Segne meinen Tag vom Morgen zum Abend

Trau deiner Kraft – Mutig durch Krisen gehen

Vaterunser – Eine Hilfe zum richtigen Leben

Wenn du Gott erfahren willst, öffne deine Sinne

Womit habe ich das verdient? Die unverständliche Gerechtigkeit Gottes

Wenn ich rufe, gib mir Antwort – Psalmen, die mein Leben begleiten

Das Erste
Begegnung mit sich selbst

Auf sich selbst hören, mit sich und seinen tiefsten Bedürfnissen in Berührung kommen, das ist die Bedingung, dass wir im Gebet mit Gott in Berührung kommen. Denn Gebet ist keine fromme Flucht vor mir selbst, sondern zuerst einmal ehrliche Selbstbegegnung.

Der erste Akt des Betens ist, dass ich erst einmal mit mir selbst in Berührung komme. Das haben uns die Kirchenväter und frühen Mönche immer wieder gelehrt. So sagt Cyprian von Karthago: »Wie kannst du von Gott verlangen, dass er dich hört, wenn du dich selbst nicht hörst? Du willst, dass Gott an dich denkt, und du selbst denkst nicht an dich« (Quomodo te audiri a Deo postulas, cum te ipsum non audias? Vis esse Deum memorem tui, quando tu ipse memor tui non sis). Du selbst bist ja gar nicht bei dir, wie willst du, dass Gott bei dir ist? Wenn ich nicht bei mir zu Hause bin, kann Gott mich auch nicht antreffen, wenn er zu mir kommen möchte. Auf sich selbst hören heißt einmal, auf sein wahres Wesen hören, mit sich in Berührung kommen, es heißt aber auch, auf seine Gefühle und Bedürfnisse hören, auf das hören, was sich in mir regt. Auf sich selbst hören, mit sich und seinen tiefsten Bedürfnissen in Berührung kommen, das ist für Cyprian die Bedingung, dass wir im Gebet mit Gott in Berührung kommen.

Wohne du in mir

Barmherziger und guter Gott, erfülle du mein Haus mit

deinem Licht und deiner Liebe.

Zeige mir, wo ich dein Bild in mir vergraben habe unter

meinen Sorgen und meiner Geschäftigkeit, unter meinen

Ängsten und Traurigkeiten, unter den vielen Gedanken,

die ich mir über die tausend Dinge des Alltags mache.

Räume du in mir hinweg, was dein Bild in mir verstellt.

Wohne du in mir, damit ich alle Räume meines Hauses

bewohnen kann, damit ich gemeinsam mit dir in meinem

Hause wohnen darf und in dir und mit dir mich selbst finde,

so wie du mich geschaffen und gebildet hast.

Gebet ist keine fromme Flucht vor mir selbst, sondern zuerst einmal ehrliche Selbstbegegnung. So sagt Evagrius Ponticus: »Willst du Gott erkennen, so lerne dich vorher selbst kennen.« Das ist keine Verpsychologisierung des Glaubens, sondern notwendige Voraussetzung des Betens. Wenn ich sofort in fromme Worte oder Gefühle fliehe, so führt mich das Gebet nicht zu Gott, sondern nur in die weiten Räume meiner Fantasie. Ich muss erst ehrlich in mich selbst hineinhorchen. In der Begegnung mit Gott muss ich mir selbst begegnen. Dabei können wir nicht sagen, was zuerst kommt, die Selbstbegegnung als Voraussetzung für die Gottesbegegnung oder die Gottesbegegnung als Voraussetzung für die Selbstbegegnung. Beides bedingt sich gegenseitig und vertieft sich wechselseitig. Mir selbst begegnen heißt jedoch nicht, ständig um mich und meine Probleme zu kreisen oder meine psychische Situation zu analysieren, sondern zu meiner wahren Identität vorzustoßen, zu meinem Ich zu finden, zu meinem eigentlichen Personkern.

Die Frage ist, wie ich zu dem Punkt vorstoßen kann, an dem ich wirklich ›Ich‹ sagen kann. Ein

Ich kann beobachten, dass ich mich anders in der Kirche gebe als bei der Arbeit, anders daheim als in der Öffentlichkeit. Wer bin ich wirklich?

Weg besteht darin, einfach immer wieder zu fragen: Wer bin ich? Dann werden mir spontan Antworten oder Bilder kommen. Und zu jeder dieser Antworten sage ich dann: Nein, das bin ich nicht, das ist nur ein Teil von mir. Ich bin nicht der, für den mich meine Freunde halten, ich bin nicht der, für den ich mich selbst halte. Ich bin nicht identisch mit der Rolle, die ich bei Bekannten spiele, und nicht mit der Maske, die ich mir bei Fremden überstülpe. Ich kann beobachten, dass ich mich anders in der Kirche gebe als bei der Arbeit, anders daheim als in der Öffentlichkeit. Wer bin ich wirklich? Ich bin auch nicht identisch mit meinen Gefühlen und Gedanken. Die Gedanken und Gefühle sind in mir, aber das Ich geht nicht in ihnen auf, es ist jenseits allen Denkens und Fühlens zu suchen. Wir können dieses Ich nicht definieren und festhalten. Aber indem wir immer tiefer in uns hineinfragen, werden wir eine Ahnung von dem Geheimnis des eigenen Ich bekommen. Ich, das ist mehr, als sich von anderen zu unterscheiden, mehr, als der bewusste Personkern, mehr als das Ergebnis meiner Lebensgeschichte. Das Ich heißt: Ich bin von Gott bei meinem Namen gerufen, mit einem unverwechselbaren Namen. Ich bin ein Wort, das Gott nur in mir spricht. Mein Wesen besteht nicht in meiner Leistung, nicht in meinem Wissen, auch nicht in meinem Fühlen, sondern in dem Wort, das Gott nur in mir spricht und das nur in mir und durch mich in dieser Welt vernehmbar werden kann. Sich selbst begegnen heißt daher, eine Ahnung von diesem einmaligen Wort Gottes in mir zu bekommen. Gott hat schon durch meine Existenz gesprochen, er hat sein Wort in mir gesagt. Beten als Selbstbegegnung heißt, in seinem innersten Geheimnis Gott zu begegnen, der mich in mir selbst angesprochen und sich in mir ausgesprochen hat.

Ein anderer Weg zum eigenen Ich könnte über den Atem gehen. Im Ausatmen kann ich mir vor-stellen, dass ich alle Masken und Rollen von mir abfallen lasse, alles, was mein Wesen verstellt. Und beim Einatmen kann ich mir das Bild vor Augen halten, dass Gottes Geist in mich einströmt und dass er den eigentlichen Kern, das unverfälschte Wesen wachsen lässt, wie eine Knospe, die noch unberührt ist. Im Einatmen komme ich dann in Berührung mit meinem innersten Kern, mit dem echten Ich, mit dem Bild, das Gott sich von mir gemacht hat. Aber hier kann ich das Ich nicht festhalten, ich erahne nur im Atmen, dass ich das Geheimnis erspüre, das meine Einmaligkeit ausmacht. Wenn ich Gott begegnen will, muss ich zumindest meinem wahren Ich etwas nähergekommen sein, ich muss zumindest ein Gespür dafür haben, wer ich eigentlich bin.

Im Ausatmen kann ich mir vorstellen, dass ich alle Masken und Rollen von mir abfallen lasse, alles, was mein Wesen verstellt. Und beim Einatmen kann ich mir das Bild vor Augen halten, dass Gottes Geist in mich einströmt und dass er den eigentlichen Kern, das unverfälschte Wesen wachsen lässt, wie eine Knospe, die noch unberührt ist.

Gebetetes Leben – lebendiges Beten

Besinnliche Texte und Gebete

Nicht fromm,
aber ehrlich

Beten heißt, alle Kammern meines Leibes und meiner Seele, meines Bewussten und meines Unbewussten aufzuschließen und Gott dort eintreten zu lassen, damit das ganze Haus meines Lebens von Gott bewohnt und erleuchtet wird.

Mein Beten muss nicht fromm sein, sondern in erster Linie ehrlich. Ich soll Gott in alle Abgründe meines Herzens hineinschauen lassen, ihm alle Dunkelheiten hinhalten, alle Verhärtungen, alle Bitterkeiten. Dabei kann es mir helfen, wenn ich auf meinen Leib und auf meine Träume achte. Sie können mir zeigen, wo ich etwas von Gott abgetrennt habe, wo ich mich in Privaträume zurückgezogen habe. Die Verspannungen in meinem Leib deuten darauf hin, dass ich da etwas nicht anschaue und dass ich es auch von Gott nicht anschauen lasse. Meine Träume sagen mir, was noch dunkel und unerlöst ist in mir, wo in meinem Keller etwas modert, weil das Licht Gottes nicht hineindringt. Alle finstern Winkel und alle verschlossenen Räume meines Hauses soll ich im Gebet Gott hinhalten, damit sein Licht und seine Liebe alles erleuchten und verwandeln. Beten heißt dann, alle Kammern meines Leibes und meiner Seele, meines Bewussten und meines Unbewussten aufzuschließen und Gott dort eintreten zu lassen, damit das ganze Haus meines Lebens von Gott bewohnt und erleuchtet wird.

Wenn ich Gott alles gesagt habe, was mir einfällt und was in der Stille in mir hochkommt, dann soll ich versuchen, ihm meine ganze Wahrheit zu sagen. Wie steht es denn wirklich um mich? Was ist meine wahre Situation? Wo fliehe ich vor Gott, wo bin ich mit mir selbst im Zwiespalt, wo stimmt es nicht mit mir? Dabei geht es nicht so sehr um einzelne Fehler, die ich vielleicht begangen habe, sondern um die Grundfrage meines Lebens. Was will ich denn mit meinem Leben? Wo verschließe ich die Augen vor der Wirklichkeit meines Lebens, vor der Wirklichkeit Gottes? Wo kreise ich nur um Wünsche und Bedürfnisse, anstatt mich Gott zu öffnen? Das Gebet zwingt mich in die Wahrheit. Aber die Wahrheit wird mich auch frei machen. Sie bringt mich wieder in Ordnung, sie macht mich recht, wenn ich verkrümmt war in meinen eigenen Überlegungen und Wünschen.

Die Begegnung mit Gott führt mich in meine Wahrheit, führt mich zu mir selbst.

Das Gebet gibt uns mitten in der Fremde und Unbehaustheit unseres Daseins das Gefühl von Geborgenheit, von Verstandensein und Angenommensein. Das Eigentliche meines Herzens kommt zum Vorschein. Ich komme in Berührung mit dem Grund meiner Seele.

Das Gespräch
mit Gott

Manche fragen: Was soll ich denn Gott sagen, er weiß doch sowieso schon alles. Natürlich weiß Gott alles. Gott braucht auch mein Gebet nicht. Aber ich brauche das Gebet. Mir tut es gut, dass ich mich mit meinen innersten Nöten und Ahnungen an Gott wenden kann. Wir können uns ja mal vorstellen, was wäre, wenn wir uns nur an Menschen wenden könnten und nicht an Gott, den Urgrund allen Seins. Dann kämen wir uns im Letzten unverstanden vor. Denn Menschen können unsere letzten Fragen nicht beantworten. Sie können uns ein Stück Verständnis und Geborgenheit schenken. Aber mit unseren tiefsten Ahnungen und Sehnsüchten ließen sie uns allein. Wir würden in einer kalten und unverstandenen Welt leben. Das Gebet gibt uns mitten in der Fremde und Unbehaustheit unseres Daseins das Gefühl von Geborgenheit, von Verstandensein und Angenommensein. Wir dürfen uns mit unseren Fragen an den wenden, der sie allein zu beantworten vermag. Gerade auf die Frage nach dem Leiden und nach dem Tod Unschuldiger kann uns kein Mittel wirklich antworten. Aber wir leben eben nicht im Raum des Absurden, sondern wir dürfen Gott, den Urgrund aller Welt, ansprechen.

Was soll ich nun Gott sagen? Alles, was in mir auftaucht. Ich soll mein Leben zur Sprache bringen, so wie es konkret ist. Ich kann Gott von Begegnungen mit Menschen erzählen, von dem, was mich gerade beschäftigt, von Ärger und Enttäuschung, von Freuden und schönen Erlebnissen, von Ängsten und Sorgen und von meiner Hoffnung. Das Gebet muss nicht fromm sein, nur ehrlich. Es soll wirklich mein Leben vor Gott ausbreiten. Dabei kann es helfen, wenn ich das, was mir einfällt, in Worte kleide, entweder in innere Worte, oder aber auch in vernehmbare Worte. Es ist eine gute Übung, sich einmal zu zwingen, eine halbe Stunde laut mit Gott zu reden. Dabei kann ich mit der Frage beginnen: Gott, was

Gebet muss nicht fromm sein, nur ehrlich. Es soll wirklich mein Leben vor Gott ausbreiten.

hältst Du eigentlich von mir? Was sagst Du zu mir und zu dem, was ich tue? Oder ich könnte mich fragen, was ich diesem Gott sagen möchte, so dass es meiner Wahrheit entspricht. Dabei muss ich mich zwingen, wirklich die halbe Stunde durchzuhalten. Wenn mir Gott ferne rückt, dann rede ich darüber mit Ihm. Wenn ich ärgerlich werde, sage ich es Ihm. Und wenn mir nichts mehr einfällt, spreche ich mit Gott darüber, wie viel wichtiger mir andere Dinge sind als Er. Diese Weise des Betens ist allerdings keine Übung für jeden Tag, sonst würde sie zu einem Geplapper werden. Von Zeit zu Zeit, vor allem dann, wenn es in mir durcheinander und leer geworden ist, ist es eine gute Hilfe. Ich mache diese Übung selbst gar nicht so gerne. Aber wenn ich mich darauf einlasse, spüre ich, dass sie mir guttut. Am Anfang habe ich genügend Worte und Formulierungen parat, um mein Gebet interessant zu machen. Doch irgendwann kommt der Punkt, wo ich meinen Formulierungen nicht mehr traue, wo ich wirklich die Wahrheit meines Lebens Gott sagen muss. Da muss ich dann ehrlich sagen, was mich in meinem Herzen bewegt. Das Gebet geht immer anders aus, als ich es mir erwartet habe. Es zwingt mich in die Wahrheit. Ich kann Gott nichts vormachen. Ich muss ihm sagen, wie es wirklich mit mir steht. Es genügt nicht, ihm alles Mögliche zu erzählen, ich muss ihm meine innerste Wahrheit erzählen. Nur dann wird mich das Gebet befreien. Denn die Wahrheit allein wird uns frei machen.

Eine andere Möglichkeit ist, einfach vor Gott zu sitzen und hochsteigen zu lassen, was von alleine kommt. Ich muss dann gar nicht in Worte fassen, was sich in mir rührt. Denn für manche Ahnungen und Gefühle fehlen mir die Worte. Ich spüre manches nur diffus, ohne es formulieren zu können. Doch wenn ich vor Gott sitze und auf ihn schaue, dann steigt von alleine auf, was wichtig ist. Vor allem regt sich das, was nicht recht war. Evagrius sagt, es gäbe kein wirkliches Gebet, in dem ich nicht auch auf meine Fehler stoße. Ich muss dann gar nicht nach meinen Fehlern und Sünden forschen. Indem ich Gott anschaue, entdecke ich selbst, was nicht recht war. Das Gebet ist dann der Ort, wo ich ungeschützt vor Gott bin, wo ich nichts zwischen ihn und mich halte, keine Worte, keine vorformulierten Gebete. Ich halte vielmehr mich selbst hin. Das zwingt mich in die Wahrheit. Tagsüber kommen ja öfter Ahnungen in mir hoch, dass das doch nicht ganz stimme, was ich gerade tue, dass ich nicht in der Wahrheit bin, nicht ganz gegenwärtig, dass ich mir irgendetwas vormache, dass da noch eine ganz andere Dimension in meinem Leben ist. Doch dann dränge ich diese Ahnungen wieder zurück, indem ich mich mit der Arbeit oder mit anderen Gedanken beschäftige. Es gibt ja tausend Fluchtmöglichkeiten vor diesen inneren Ahnungen. Aber dann habe ich das Gefühl, dass sich eine Staubschicht auf mein Inneres legt und dass ich selbst unter dieser Staubschicht ersticke. Im Gebet als dem ungeschützten Dasein vor Gott wird diese Staubschicht wieder aufgewirbelt und das Eigentliche meines Herzens kommt zum Vorschein. Ich komme in Berührung mit dem Grund meiner Seele.

Das Gebet ist dann der Ort, wo ich ungeschützt vor Gott bin, wo ich nichts zwischen ihn und mich halte, keine Worte, keine vorformulierten Gebete. Ich halte vielmehr mich selbst hin. Das zwingt mich in die Wahrheit.

GEBETETES LEBEN – LEBENDIGES BETEN

Bitten
und Betteln

Bitten ist nicht nur ein »Sichfügen« in den Willen Gottes, sondern zuerst einmal wirkliches Betteln um Hilfe. Ich darf Gott zutrauen, dass er mich versteht und meine Wünsche ernst nimmt. Doch zugleich lasse ich mich im Bitten von Gott infrage stellen.

Für viele ist Beten identisch mit Bitten. Das ist sicher zu einseitig. Aber dennoch ist auch das Bitten ein wesentlicher Teil der Begegnung mit Gott. Ich darf Gott um alles bitten, was mir wichtig ist. Bitten heißt zunächst, dass ich meine Bedürfnisse und Wünsche zugebe, dass ich Gott sage, was mir fehlt und wonach ich mich sehne. Bedürfnisse und Wünsche gehören wesentlich zu mir. Und es wäre Stolz, sie zu verdrängen oder sie aus der Begegnung mit Gott herauszuhalten. Ich darf vor Gott alles aussprechen, auch meine Wünsche und Bedürfnisse, auch meine Nöte und Schwierigkeiten. Und ich darf Gott bitten, dass er mir hilft, oder dass er den Menschen hilft, die mir am Herzen liegen. Im Bitten bekenne ich in aller Demut, dass ich bedürftig bin, dass ich nicht ohne bestimmte Bedingungen auskomme. Ich bekenne auch, dass Gott allein mir noch nicht genügt, dass ich auch seine Hilfe brauche, dass mir auch seine Gaben wichtig sind und nicht nur die Begegnung mit ihm. Bitten ist dabei nicht nur ein »Sichfügen« in den Willen Gottes, sondern zuerst einmal wirkliches Betteln um Hilfe. Ich darf Gott zutrauen, dass er mich versteht und dass er meine Wünsche ernst nimmt. Doch zugleich lasse ich mich im Bitten von Gott infrage stellen. Indem ich ihm in aller Freiheit meine Wünsche sage, bekomme ich auch schon Abstand dazu. Ich halte sie Gott hin und lasse mich von ihm in Frage stellen. Bitten ist dann ein Ringen mit Gott, an dessen Ende die Ergebung in Gottes Willen steht. Aber ich muss mich nicht sofort in Gottes Willen ergeben, sondern darf ihm durchaus meine eigenen Vorstellungen und Wünsche sagen.

Jesus selbst fordert uns auf, zu bitten, und er verheißt, dass er auf unsere Bitten hören werde: »Alles, um was ihr in meinem Namen bittet, werde ich tun, damit der Vater im Sohn verherrlicht werde« (Joh 14,13). Im Gleichnis vom gottlosen Richter und der Witwe macht er uns Mut, ohne Unterlass zu beten und um unser Recht zu kämpfen. Und er verspricht, dass Gott helfen wird: »Sollte Gott seinen Auserwählten, die Tag und Nacht zu ihm schreien, nicht zu ihrem Recht verhelfen, sondern zögern? Ich sage euch: Er wird ihnen unverzüglich ihr Recht verschaffen« (Lk 18,7f.). Wir haben also ein Recht auf Leben und sollen darum kämpfen, auch vor Gott. Doch wir dürfen uns die Erfüllung unserer Bitten nicht zu äußerlich vorstellen. Natürlich kann Gott von außen eingreifen und die äußeren Verhältnisse ändern. Wir dürfen in dem Vertrauen beten, dass Gott wirklich eingreift. Aber zugleich sollen wir sehen, dass das Gebet als Begegnung mit Gott selbst schon die Erfüllung unserer Bitte sein kann. Im Gebet erfahre ich das Recht auf Leben. Da hat kein Feind mehr Macht über mich. Da erfahre ich in Gott eine tiefe Geborgenheit, die stärker ist als alles, was mich am Leben hindern möchte. Im Gebet spüre ich, dass ich nicht alleingelassen bin wie die Witwe, die keine Lobby hat und sich an keinen wenden kann, weil selbst der Richter kein Interesse hat, ihr zu helfen. Im Gebet erfahre ich Gottes Schutz. Das nimmt den äußeren Verhältnissen die Macht über mich. Ganz gleich, ob Gott auch die äußeren Bedingungen ändert, so kann ich in jedem Gebet schon eine Veränderung meiner Einstellung erfahren. Bitten ist immer beides: Gott darum bitten, dass er etwas tut und eingreift, dass er die äußeren Verhältnisse ändert; und im Gebet, im vertrauensvollen Bitten schon eine innere Änderung erfahren, eine Ahnung, dass mir im Grunde nichts schaden kann, dass ich in Gottes Hand bin, ganz gleich, was auch immer geschehen mag.

Ganz gleich, ob Gott auch die äußeren Bedingungen ändert, so kann ich in jedem Gebet schon eine Veränderung meiner Einstellung erfahren.

Lauterkeit des Herzens

Barmherziger und guter Gott, der heilige Benedikt mahnt
uns, dass wir nicht viele Worte machen sollen beim Gebet,
sondern in der Lauterkeit des Herzens beten sollen.
Wenn ich zu dir bete, merke ich, wie viele Nebenabsichten
sich in mein Gebet hineinmischen. Da ist der Wunsch, als
fromm und spirituell zu gelten. Da ist der Wunsch, dass mir
das Gebet etwas bringt.

Gütiger Gott, befreie mich von allen unlauteren Absichten und schenke mir ein reines Herz, das dich sein lässt, wie du bist, das sich zu dir erhebt, weil du Gott bist, nicht weil ich etwas vom Gebet habe.

Reinige mein Herz, damit es dich schauen kann und damit es in dir neu auf die Menschen zu schauen vermag.

Läutere mein Herz, damit du mehr und mehr mein Denken und Fühlen bestimmst und ich auch die Menschen mit reinen Augen anschauen kann. Mit Augen, die nicht besitzen oder bewerten, sondern die die Menschen sie selbst sein lassen, mit Augen, die an das Gute und Reine in den Menschen glauben.

Intim werden
mit Gott

Wenn wir den Mut haben, das vor Gott anzusprechen und auszudrücken, was wir vor uns selbst verbergen, was wir nur in der intimsten Liebe zu einem Partner sagen würden, dann wird unser Leben tiefer und lebendiger.

Noch etwas anderes will das Gespräch mit Gott sein: der Ort der Intimität, an dem ich Gott alles sage, was in meinem Herzen ist an Sehnsucht, an Ahnungen, an Wünschen, an Wunden. Intim werden mit Gott, das heißt, vor ihm wirklich alle meine Gefühle auszudrücken, die in mir sind und die oft genug verschüttet sind, weil ich selbst Angst vor ihnen habe. Da kommen vielleicht sehr kindliche Gefühle hoch, wie die Sehnsucht nach Geborgenheit und Liebe, Gefühle, die ich vor mir selbst verberge, weil sie mir peinlich

sind, weil ich meine, als Erwachsener sei ich doch darüber hinweg. Das Gebet will mir Mut machen, wirklich alles auszudrücken, nichts zurückzuhalten, meine tiefsten Sehnsüchte und alle Defizite meines Lebens, meine Liebe und das Angerührtsein in meinem Herzen. Dabei werde ich mit meinen Worten an Grenzen stoßen. Gebärden können mir helfen, meine intimsten Gefühle auszudrücken. So könnte ich die Hände über der Brust kreuzen und Gott meine Sehnsucht nach Intimität hinhalten. Ein Mitbruder erzählte, dass er manchmal unter die Decke krieche und Gott all das sage, was er sich sonst nicht traue, dass er all die Gefühle Gott hinhalte, die eben nur unter der warmen Decke am Abend aufsteigen, und dass er manchmal ein Kissen an die Brust drücke und so bete, um Gott sein Bedürfnis nach Liebe und Zärtlichkeit zu zeigen.

Wenn wir den Mut haben, das vor Gott anzusprechen und auszudrücken, was wir vor uns selbst verbergen, was wir nur in der intimsten Liebe zu einem Partner sagen würden, dann wird unser Leben tiefer und lebendiger. Es verliert alle Langweiligkeit und Durchschnittlichkeit. Wir werden echter und freier. Wir haben keine Angst mehr vor unserem eigenen Herzen. Das Herz beginnt zu schlagen. Wir fühlen: Wir sind wirklich da, wir leben. Es ist schön zu leben. Zugleich ist es natürlich und schmerzlich. Es gibt keine Intimität ohne Verwundbarkeit. Aber gerade das macht uns lebendig und echt.

Das Gebet sollte für uns der Ort sein, an dem wir intim sein können, an dem wir mit dem Innersten in uns in Berührung kommen und unser Innerstes Gott hinhalten. Unser ganzes Leben würde dadurch gewinnen. Die Masken fielen weg.

Das Gebet sollte für uns der Ort sein, an dem wir intim sein können, an dem wir mit dem Innersten in uns in Berührung kommen und unser Innerstes Gott hinhalten. Unser ganzes Leben würde dadurch gewinnen. Die Masken fielen weg. Wir bräuchten nicht so viele Schalen um uns herum. Wir könnten auch Menschen näher an uns heranlassen. Und wir würden im Innersten spüren, was Menschsein heißt: im Herzen angerührt und angesprochen zu werden, verwundet zu werden von der Liebe Gottes, die uns aufschließt für ihn und die Menschen.

Die heilende
Kraft des Gebetes

Wer nicht den Mut hat, demütig hinabzusteigen in den Abgrund seiner Seele, in die Dunkelheiten und chaotischen Bereiche seines Herzens, der wird nie wirklich Gott erfahren, sondern nur den eigenen Gottesbildern begegnen.

Das Gebet ist kein therapeutisches Mittel, über das der Mensch wie über eine Technik verfügen könnte. Das Gebet heilt, weil es uns mit Gott verbindet. Gott ist der eigentliche Arzt, der jede Wunde zu heilen versteht. Im Gebet überlassen wir uns mit unseren Wunden Gott, um an ihm als dem am Kreuz selbst verwundeten Arzt zu gesunden. Im Gebet erfahren wir Gottes uns erforschende und zugleich heilende Gegenwart. Weil uns das Gebet in Gottes Gegenwart stellt und uns mit Gottes Geist erfüllt, kann es heilen. Zahlreiche Vätersprüche beschreiben diese heilende Funktion des Gebetes.

Die heilende und lindernde Wirkung des Gebetes wird vor allem in den Texten des östlichen Mönchtums gepriesen. Der russische Pilger vertraut auf die heilende Kraft des Gebetes. Analyse der Gedanken und Kampf gegen die Laster aus eigener Kraft führen nur zur Verzweiflung. Der Mensch ist damit überfordert. Gott hat uns daher das Gebet als Heilmittel geschenkt: »Glaube mir, wenn du dieses Gebet verrichten wirst, ohne das zu beachten, was dir durch den Kopf geht, wirst du bald Trost verspüren, deine ganze Angst und deine Belastungen werden vergehen, zum Schluss wirst du dich ganz beruhigen, wirst ein gottesfürchtiger Mann werden und all deine sündhaften Leidenschaften werden verschwinden« (Aufrichtige Erzählungen eines russischen Pilgers, hg. u. eingel. v. E. Jungclausen. Freiburg i. Br. 1975, 171).

Wenn der Mensch sich nur immer wieder an das Gebet hält und unablässig zu beten versucht, so wird in ihm alles heil, unabhängig von seiner eigenen Kraft gegenüber den Leidenschaften. Das Beten ersetzt für den russischen Pilger das ganze Werk der Askese. Und er gibt die einfachen Ratschläge:

»1. Bete und denke alles, was du nur willst, und dein Denken wird durchs Gebet geläutert werden. Das Gebet wird deinen Geist erleuchten, es wird alle abwegigen Gedanken vertreiben und dich beruhigen.

2. Bete und tue, was du willst, und deine Werke werden Gott wohlgefällig sein, dir selber aber nützlich und heilbringend!

3. Bete und bemühe dich nicht, aus eigener Kraft deiner Leidenschaften Herr zu werden. Das Gebet wird sie in dir zunichte machen.

4. Bete und fürchte nichts, fürchte dich weder

vor Unglück noch vor Unheil — das Gebet wird dir zur Abwehr dienen und alles abwenden.

5. Bete nur irgendwie, aber immer, und lass dich nicht verwirren! Sei fröhlich im Geiste und ruhig: Das Gebet wird alles machen und dich unterweisen.« (Aufrichtige Erzählungen eines russischen Pilgers, a. a. O., 111).

Allerdings wissen die geistlichen Schriftsteller auch, dass das Gebet uns nicht von der Pflicht enthebt, selbst Hand anzulegen. Gebet und Askese sind keine Gegensätze. Beide gehören zusammen. Ohne Gebet wird die Askese zu einem Vertrauen auf sich und seine Leistung. Ohne Askese aber bleibt das Gebet leeres und unverbindliches Gerede. So sagt die Philokalie: »Vergiss nie, dass das Gebet für sich allein nicht vollkommen ist, sondern gemeinsam mit allen Tugenden, welche gleichsam Organe der Seele sind, die unseren inneren Organismus ausmachen. Erst wenn sie bis zu einem gewissen Grade entwickelt sind, vermögen wir im Geiste zu leben. In dem Maße, als du sie erwirbst, vervollkommnet sich auch dein Gebet. Ohne sie bringt das Gebet keine Frucht« (Das immerwährende Herzensgebet. Weilheim 1976, 86).

»Das Gebet führt nur dann zu Erfolg, wenn der Betende sein Inneres überwacht und bereit ist, gegen seine Leidenschaften anzukämpfen« (a. a. O., 87).

Andernfalls, so sagen die geistlichen Schriftsteller, würde man seinen Verstand verlieren. Mystik anzustreben, ohne den harten Weg der Askese zu gehen, ist nach ihren Erfahrungen nicht möglich, ohne dass man Schaden an seiner psychischen Gesundheit nähme. Würde man diese Einsicht der Mönche heute beachten, so könnte man viele psychische Schäden vermeiden, die manche durch Meditationsformen erleiden, die nur das Glück oder die Erleuchtung versprechen, ohne auf die Forderungen schonungsloser Selbsterkenntnis und harter Arbeit an sich selbst hinzuweisen, die als Tor vor diesen Verheißungen stehen. Wer nur spirituelle Erfahrungen machen und sie wie touristische Trophäen auflisten möchte, ohne sich auf den Weg der Verwandlung zu machen, der wird die Beziehung zu seiner eigenen Mitte verlieren. Er wird so fasziniert sein von den Erfahrungen, dass er sich schon am Ziel seines Weges wähnt. Doch dann kann es leicht zur inneren Spaltung kommen, bis hin zu psychotischen Schüben. Oder aber er glaubt, er sei schon ein spiritueller Mensch und müsse nun andere belehren. Dann kann es leicht zu geistlichem Missbrauch kommen. Denn man ist seinen eigenen Schattenseiten nicht begegnet und wird sie nun bei denen ausleben, die man für den spirituellen Weg begeistern möchte. Nicht umsonst haben die Mönche als Bedingung für echte geistliche Erfahrung die Demut gesehen. Wer nicht den Mut hat, demütig hinabzusteigen in den Abgrund seiner Seele, in die Dunkelheiten und chaotischen Bereiche seines Herzens, der wird nie wirklich Gott erfahren, sondern nur den eigenen Gottesbildern begegnen. Und er wird Gott für sich benutzen, anstatt sich von Gott in Dienst nehmen zu lassen. Gott zu benutzen bläht das eigene Ego auf und führt irgendwann einmal zur Spaltung oder zur Hybris, zur Blindheit sich selbst gegenüber. Nur wer Mystik und Askese, Gebet und Selbsterkenntnis miteinander verbindet, wird dem wirklichen Gott und seinem wahren Selbst begegnen.

Nur wer Mystik und Askese, Gebet und Selbsterkenntnis miteinander verbindet, wird dem wirklichen Gott und seinem wahren Selbst begegnen.

In Gottes Hand

Gott, du hast mich geschaffen. Ich danke dir, dass du mich so wunderbar gemacht hast.

Ich erfreue mich an meinem Leib, an meinem Geist, der immer neue Ideen hat, und an den Fähigkeiten, die du mir geschenkt hast.

Du hast die Natur geschaffen, deren Schönheit ich bewundern darf. Ich kann mich manchmal gar nicht genug sattsehen, wenn ich durch eine schöne Landschaft wandere oder wenn ich eine Blume betrachte.

Du bist der Schöpfer, dessen Hand mich gestaltet hat und mich Tag für Tag immer wieder formt.

In deiner guten Hand weiß ich mich getragen und geborgen.

Du hältst deine Hand immer schützend über mich. Deine

Hand weist mir den Weg, wenn ich nicht weiterweiß.

Ich weiß, dass du immer bei mir bist. Auch wenn ich weit

weg bin von dir, kann ich wieder zu dir zurückkommen und

du empfängst mich mit deinen barmherzigen Armen. Auch

wenn ich manchmal Umwege und Irrwege gehe, hältst du

immer deine Arme auf, damit ich mich darin bergen kann.

Ich danke dir, du Schöpfer meines Lebens, der du mich

geschaffen und gebildet hast. Mit dem Psalmisten darf ich

beten: »Ich danke dir, dass ich so staunenswert und wunder-

sam gemacht bin. Ja, das weiß ich: Wunderbar sind deine

Werke« (Ps 139,14).

Wenn ich hinabsteige in die Bereiche meiner Seele, die ich zugedeckt und verhüllt habe, werde ich dort Gott entdecken, der sich in der Tiefe meines Herzens verbirgt. Dann wird mein Beten belohnt. Weil ich mit dem Verborgenen in mir in Berührung komme, wird sich auch Gott nicht mehr vor mir verbergen.

Gotteserfahrung
und Selbsterfahrung

Viele Menschen klagen darüber, dass sie Gott nicht erfahren, dass sie trotz aller Versuche, regelmäßig zu meditieren und zu beten, nichts von Gott spüren. Ich frage sie dann immer, ob sie sich denn selbst spüren, ob sie mit sich selbst in Berührung sind.

Nicht nur das Gottesbild und das Selbstbild hängen eng miteinander zusammen, sondern auch die Gotteserfahrung und die Selbsterfahrung. Wer sich selbst nicht spürt, kann auch Gott nicht spüren. Wer von sich selbst keine Erfahrung hat, wird auch Gott nicht erfahren.

Eine Frau möchte einen geistlichen Weg gehen. Aber ihr Gebet ist leer. Sie hat früher einmal Gott intensiv gespürt, aber jetzt fühlt sie nichts mehr. Im Gespräch wird deutlich, dass sie viele Bereiche ihrer eigenen Seele ausklammert. Sie möchte nicht über ihre gottlosen Seiten, über ihre Aggression und

Sexualität, über ihre Jugendträume nach Familie und Kindern nachdenken. Sie meint, sie habe diese Träume längst verarbeitet und sei mit ihnen fertig. Sie möchte sich selbst in ein ganz bestimmtes Bild einer spirituellen Frau zwängen. Alles andere hat sie vor dem Auge ihrer Seele verschlossen. Im Gespräch wird ihr klar, warum sie Gott nicht spürt. Sie ist nicht in Berührung mit der eigenen Seele. Sie hat sich selbst abgeschnitten von den weniger frommen, dafür aber umso lebendigeren Seiten ihrer Seele, von ihrer Lust zu reisen, zu malen, zu dichten. All diese Seiten hat sie ihrem spirituellen Selbstbild geopfert.

Es geht um ein Sichspüren im Leib. Stimme ich mit meinem Leib überein? Bin ich ganz in mir, in meinem Leib oder klammere ich vieles aus? Nur wenn ich auf die Stimme meines Leibes und meiner Seele höre, kann ich auch die Stimme Gottes vernehmen.

Aber nun fehlen sie ihrer eigenen Lebendigkeit. Was in ihr nicht in Beziehung zu Gott kommen kann, das verdunkelt ihr die Gotteserfahrung. Sie kann Gott nicht spüren, weil sie nicht den Mut hat, sich selbst zu spüren. Wir sind nicht deckungsgleich mit unserem spirituellen Selbstbild. Nur wenn wir wagen, Gott alles hinzuhalten und mit allem, was in uns ist, in Berührung zu kommen, werden wir auch Gott spüren können. Viele sind abgeschnitten von ihrer eigenen Seele. Sie nehmen nur einen kleinen Teil ihrer selbst wahr. Das hindert sie daran, Gott wahrzunehmen. Daher lasse ich mich nie auf eine theoretische Diskussion ein, ob wir Gott erfahren können oder nicht, warum sich Gott dem einen mehr zeigt als dem anderen. Ich frage die Menschen, wie sie sich selbst erfahren. Und da erschrecke ich oft, wie wenig die Menschen sich selbst spüren, wie wenig sie in Berührung sind mit sich selbst. Das ganze Arsenal von spirituellen Methoden hilft ihnen nicht, wenn sie nicht den Mut aufbringen, die eigene Wahrheit anzuschauen. Dabei geht es nicht um ein rationales Verstehen der eigenen Psyche, sondern um ein In-Berührung-Kommen mit allem, was in uns hochsteigt, mit unseren Gefühlen, mit unseren Träumen, mit unbewussten Bildern. Es geht um ein Sichspüren im Leib. Stimme ich mit meinem Leib überein? Bin ich ganz in mir, in meinem Leib oder klammere ich vieles aus?

Nur wenn ich auf die Stimme meines Leibes und meiner Seele höre, kann ich auch die Stimme Gottes vernehmen. Nur wenn ich stimmig bin, kann Gott mit mir übereinstimmen, kann er eindringen in die Stimme meines Inneren. Was ich vor mir verberge, das verbirgt mir das Antlitz Gottes. Jesus

Wenn ich hinabsteige in die Bereiche meiner Seele, die ich zugedeckt und verhüllt habe, werde ich dort Gott entdecken, der sich in der Tiefe meines Herzens verbirgt. Dann wird mein Beten belohnt.

zeigt, wie wir richtig beten sollen. Wir sollen nicht viele Worte plappern. Wir sollen uns nicht auf äußere Methoden der Meditation oder der Askese verlassen. Diese können leicht zur bloßen Jagd nach Leistung und zur Flucht vor der eigenen Wahrheit werden. Jesus fordert auf, in die Kammer unseres Herzens zu gehen, wenn wir beten wollen. Dort sollen wir die Türe zuschließen, damit wir allein mit unserem Gott sind: »Dann bete zu deinem Vater, der im Verborgenen ist. Dein Vater, der auch das Verborgene sieht, wird es dir vergelten« (Mt 6,6). Das griechische Wort »kryptos« = »verdeckt, verborgen, geheim« hat in der hellenistischen Mystik und auch im Alten Testament eine große Bedeutung. Gott ist dem Menschen verborgen. Und das ganze geistliche Streben des Menschen geht dahin, dass Gott sich dem Menschen offen zeigt. Der alttestamentliche Fromme weiß, dass er vor Gott nichts verbergen und verstecken kann. Wenn er die Flucht vor seiner eigenen Wahrheit und vor Gott aufgibt und Gott sein Verborgenes offenbart, dann wird Gott ihn teilhaben lassen an seinem verborgenen Leben (vgl. Albrecht Oepke, krypto, in: Theologie des Neuen Testaments, 968 E). Weil in uns nichts verborgen ist, was nicht bekannt wird (vgl. Mt 10,26), sollen wir Gott die versteckten Bereiche unserer Seele hinhalten. Nur dann wird unser Beten belohnt werden, nur dann werden wir im Beten Gott erfahren dürfen. […] Wenn ich hinabsteige in die Bereiche meiner Seele, die ich zugedeckt und verhüllt habe, werde ich dort Gott entdecken, der sich in der Tiefe meines Herzens verbirgt. Dann wird mein Beten belohnt. Weil ich mit dem Verborgenen in mir in Berührung komme, wird sich auch Gott nicht mehr vor mir verbergen.

Sprich du dein Wort der Liebe und Bejahung

Herr, ich komme zu dir mit allem, was ich bei mir nicht

anschauen mag, mit all dem Unansehnlichen und

Unausstehlichen, das ich vor anderen verbergen möchte,

mit dem Aussatz, der mich ausschließt aus der

menschlichen Gemeinschaft.

Ich halte dir meine Wahrheit hin und bitte dich: Berühre

mich mit deinen liebenden Händen, damit ich es auch wage,

in Berührung zu kommen mit allem, was in mir ist, auch

mit dem Dunklen und Unangenehmen, mit dem

Verdrängten und vom Leben Ausgeschlossenen.

Sprich du dein Wort der Liebe und Bejahung, damit ich mich

selbst bejahen und annehmen kann mit allem, was in mir

ist. Damit ich mit dem Herzen einsehen kann, dass alles in

mir gut ist und rein vor dir.

Hartnäckig
genug anklopfen

Wenn alle uns beunruhigenden Gedanken augenblicklich verschwinden, tiefer Friede sich in uns ausbreitet und wir so zum reinen Gebet gekommen sind, ist das ein Zeichen, dass ein Engel uns nahe ist. Aber es gibt auch Zeiten, in denen wir sehr unruhig sind und so hart von den verschiedenen Leidenschaften bedrängt werden, dass wir keinen Augenblick zur Ruhe kommen. Solange wir nur nicht aufgeben, uns zu wehren, werden wir aber schließlich gewinnen. Wir brauchen nur hartnäckig genug zu klopfen, dann wird uns schon die Türe geöffnet werden.

Evagrius Ponticus

Evagrius rechnet damit, dass es Zeiten gibt, in denen wir kaum beten können, weil wir innerlich zu unruhig sind. Wir werden dann bedrängt von Sorgen und Leidenschaften. Wir sind so sehr mit uns selbst beschäftigt, dass wir kaum zu Gott aufblicken können. Es ist tröstlich, dass selbst ein so erfahrener geistlicher Lehrer wie Evagrius von solchen Zuständen aus eigener Erfahrung weiß. Was wir tun können, ist, nicht aufgeben, es immer wieder zu versuchen, unser Herz Gott hinzuhalten, bis Gott selbst es mit einem tiefen Frieden erfüllt. Dann kann es sein, dass wir auf einmal in uns eine friedvolle Ruhe wahrnehmen. Das ist für Evagrius ein Zeichen, dass ein Engel Gottes uns nahe ist.

Der Engel ist Bild für die heilende und liebende Gegenwart Gottes. Die Engel schauen Tag und Nacht Gottes Antlitz. Wenn ein Engel bei uns ist und über unser Gebet schützend wacht, dann wird unser Herz in Gott ruhig, wir sind zum reinen Gebet gelangt.

Reines Gebet, das ist für Evagrius die Kontemplation. Da ist unser Gebet nicht mehr getrübt durch irgendwelche Gedanken und Vorstellungen. [...] Nichts stört diese Einheit mit Gott, keine Überlegung, keine Leidenschaft, auch kein Bild, das wir uns von Gott machen. Wir fühlen nur noch Einssein. Wir sind eins mit uns selbst, mit unserer Lebensgeschichte, eins mit Gott, eins mit dem Engel, der im Gebet bei uns ist und uns beten hilft, und eins mit allen Menschen.

Gebet um Selbstannahme

Barmherziger Gott, es fällt mir so schwer, mich selbst anzunehmen. Es gibt so vieles, was mich an mir stört: meine Ungeduld, meine Unruhe, meine Oberflächlichkeit, meine Empfindlichkeit. Alles, was mich an mir ärgert, halte ich dir hin. Ich weiß, dass du mich bedingungslos annimmst. Du beurteilst und verurteilst mich nicht.

Ich bin es selbst, der so unbarmherzig mit mir umgeht. Oder aber es ist der innere Richter in mir, den ich einfach nicht abstellen kann.

Ich halte dir meine Ohnmacht hin, mich anzunehmen. Und ich vertraue darauf, dass deine Annahme stärker ist als meine Unfähigkeit, mich anzunehmen.

Ich halte dir meine leeren Hände hin. Ich verzichte darauf, mich selbst zu bewerten. Ich weiß, dass du meine Leere mit deiner Liebe ausfüllen wirst. Und ich weiß, dass du all das in mir annimmst, was ich nicht anzunehmen vermag.

Beten
ohne Zerstreuung

Wenn schon Mose sich dem brennenden Dornbusch so lange nicht nähern konnte, bis er seine Schuhe ausgezogen hatte, warum solltest du dich dann nicht erst von jedem deiner durch Leidenschaft verursachten Gedanken lösen, damit du dem einen dich nähern kannst, der jenseits aller Gedanken und Begriffe ist?

Evagrius Ponticus

Es ist ein großes Anliegen des Evagrius, dass wir ohne Zerstreuung beten können. Das Ziel des Betens ist, mit Gott eins zu werden, ohne dass sich unsere Gedanken dazwischenschieben. Das wird uns nur gelingen, wenn wir uns dabei selbst vergessen. Wenn ich nicht mehr auf mich schaue, sondern auf Gott und seine Liebe, dann bin ich in Gott, dann werde ich eins mit seiner Liebe.

Der erste Schritt zu diesem Einswerden mit Gott besteht für Evagrius darin, dass wir wie Mose unsere Schuhe ausziehen. Die Schuhe sind ein Symbol für die Leidenschaften. Solange die Leidenschaften noch in uns sind, können wir nicht wirklich beten. Denn dann wird unser Gebet immer gestört durch unseren Ärger, durch unsere Eifersucht und Traurigkeit. Wir denken ständig ans Essen,

wenn wir beten. Oder sexuelle Fantasien tauchen auf. Es hat keinen Zweck, sich dann zur Konzentration zwingen zu wollen. Wir müssen zuerst die Leidenschaften ablegen. Wir können sie jedoch nur loslassen, wenn wir uns zuvor mit ihnen vertraut gemacht und mit ihnen gekämpft haben. Der richtige Umgang mit den Leidenschaften ist daher die Voraussetzung für das Gelingen des Betens.

Beten ist nicht einfach eine Technik der Konzentration auf Gott. Beten heißt vielmehr Einswerden mit Gott. Dafür aber muss alles in uns mit Gott eins werden, gerade auch die Leidenschaften. Die Schuhe ausziehen bedeutet für Evagrius, dass wir von unseren Leidenschaften Abstand gewinnen müssen. Dann können wir sie Gott hinhalten, damit er sie erleuchte und verwandle.

Wenn wir mit unseren Leidenschaften zusammenwachsen, dann haben sie uns im Griff. Sie hindern uns am Beten. Die Schuhe ausziehen heißt aber auch, sie in die Hand zu nehmen. Ich muss meine Leidenschaften erst annehmen, in die Hand nehmen und anschauen. Dann kann ich sie ablegen. So werde ich mit nackten Füßen, wie ich bin, vor Gott treten. Die Leidenschaften stehen nicht mehr zwischen mir und Gott. Das Feuer der göttlichen Liebe kann meinen Leib und meine Seele durchdringen und verwandeln, wie es den Dornbusch verwandelt hat.

Gott, mein Vater und meine Mutter

Gott, du bist mein Vater, du bist meine Mutter.

Du bist der Vater, der mir den Rücken stärkt, der mir Mut

macht, mein eigenes Leben zu wagen. Ich weiß, dass ich

immer zu dir zurückkommen kann, wenn ich Hilfe brauche.

Bei dir kann ich mich anlehnen, wenn ich mich schwach

fühle.

Gott, du bist meine Mutter. Du schenkst mir Geborgenheit

und Heimat. Du gibst mir das Gefühl, dass ich willkommen

bin auf dieser Welt. Du schaust mich wohlwollend und

freundlich an. Wenn ich mich allein fühle, weiß ich, dass

deine liebende Gegenwart mich einhüllt, dass ich geborgen

bin in deiner Liebe, die mich umgibt.

Tiefste
Sehnsucht

Die Frage nach meiner tiefsten Sehnsucht führt mich nicht nur zu Gott, sondern auch zu meiner urpersönlichsten Antwort auf Gottes Sehnsucht nach mir.

In den Exerzitien frage ich mich selbst und auch die Exerzitanten immer wieder: »Was ist deine tiefste Sehnsucht?« Ich kann diese Frage nicht immer sofort beantworten. Aber wenn ich mich dieser Frage stelle, dann fällt alles krampfhafte Suchen, mich selbst besser zu machen, weg. Vieles, was mir sonst Kopfzerbrechen bereitet, wird unwichtig. Ich komme in Berührung mit mir selbst, mit meinem Herzen, mit meiner eigenen Berufung. Wer bin ich eigentlich? Was ist meine Sendung? Welche Spur möchte ich eingraben in diese Welt? Was erfüllt mir meine Sehnsucht? Letztlich stoße ich dann immer auf Gott als das Ziel meiner Sehnsucht. Aber die Frage nach meiner tiefsten Sehnsucht führt mich nicht nur zu Gott, sondern auch zu meiner urpersönlichsten Antwort auf Gottes Sehnsucht nach mir. Auch Gott sehnt sich nach mir, so sagen uns die Mystiker. Mechthild von Magdeburg spricht Gott mit den Worten an: »O, Du brennender Gott in Deiner Sehnsucht!« Gott sehnt sich danach, den Menschen zu lieben. Wenn ich mich nach meiner tiefsten Sehnsucht frage, dann entdecke ich, wie ich auf Gottes Sehnsucht nach mir, wie ich auf Gottes Liebe zu mir antworten möchte. Meine tiefste Sehnsucht besteht darin, ganz und gar durchlässig zu werden für Gottes Liebe und Güte, für Gottes Barmherzigkeit und Milde, ohne Verfälschungen durch meinen Egoismus, ohne Verdunkelungen durch meine eigenen Bedürfnisse nach Anerkennung und Erfolg.

Du, Gott der Lebendigkeit

und meiner Beziehung.

Du, Gott der Lebensfreude

und Gott meiner Sehnsucht.

Du, Gott, der mich sucht und ruft

und auf mich zukommt.

Du, Gott, in mir,

in meinem inneren Raum.

Du, Hüter der Lebendigkeit,

Schöpfer des Lebens.

Du Gott, der für mich da ist.

Du Gott, der mich aufrichtet,

Du brennender Gott in deiner Sehnsucht.

In Berührung
mit meinem Sehnen

Dort, wo der Stern der Sehnsucht aus unserem Herzen gefallen ist, dort können wir uns auch nicht mehr zuhause fühlen. Daheim sein kann man nur, wo das Geheimnis wohnt.

Beten heißt für mich, immer wieder mit meiner tiefsten Sehnsucht, die auf dem Grund meines Herzens schon da ist, in Berührung zu kommen. Dabei hilft es mir manchmal, wenn ich beim Beten meine Hände über der Brust kreuze. Da wird es dann warm in mir. Dann erahne ich, dass in mir eine Sehnsucht ist, die mich erst ganz zum Menschen macht, die Sehnsucht nach Gott, die Sehnsucht nach der göttlichen Liebe, die nicht so brüchig ist wie unsere menschliche Liebe. Wenn ich mit dieser Sehnsucht in Berührung bin, dann fühle ich mich frei. Dann relativiert sich alles. Ich spüre, dass ich in meinem Herzen diese Welt übersteige, dass mein Herz dort verankert ist, wo die wahren Freuden sind, wie es in einer Messoration heißt. Beten bedeutet für mich nicht, vor allem viele Worte zu verlieren, sondern mich von den Worten meines Gebets immer wieder daran erinnern zu lassen, dass ich hier nicht daheim bin, dass meine Heimat im Himmel ist, wie es Paulus im Philipperbrief ausdrückt.

Es gibt die schöne Geschichte »Der verlorene Stern« von Ernst Wiechert. Da kommt ein deutscher Soldat aus russischer Gefangenschaft endlich nach Hause. Er freut sich, daheim zu sein. Aber nach einigen Wochen spürt er, dass er sich nicht daheim fühlt. Er spricht mit seiner Großmutter darüber. Und sie entdecken, dass der Stern in diesem Haus verloren gegangen ist, dass das Geheimnis nicht mehr in diesem Hause wohnt. Es wird nur noch an der Oberfläche gelebt. Man plant, baut, bessert aus, kümmert sich, dass das Leben funktioniert. Aber das Eigentliche ist verloren gegangen. Der Stern der Sehnsucht ist aus dem Haus entschwunden. Dort, wo der Stern der Sehnsucht aus unserem Herzen gefallen ist, dort können wir uns auch nicht mehr zuhause fühlen. Daheim sein kann man nur, wo das Geheimnis wohnt. Das gilt für unser Miteinander in der Familie oder in einer klösterlichen Gemeinschaft. Heimat wird nicht durch die Wiederholung alter Rituale geschaffen, sondern allein dadurch, dass wir gemeinsam Ausschau halten nach dem Geheimnis, nach Gott, der unter uns wohnt.

Das gilt aber auch für uns selbst. In uns, so sagen uns die Mystiker, ist ein Raum, in dem Gott wohnt. Es ist der Raum der Stille, zu dem allein Gott Zutritt hat. Dieser Raum ist frei von den lärmenden Gedanken, die uns sonst bestimmen, frei von den Erwartungen und Wünschen der Menschen um uns herum. Er ist auch frei von den quälenden Selbstvorwürfen, Selbstentwertungen, Selbstbeschuldigungen. In diesem Raum, in dem Gott selbst in uns wohnt, sind wir frei von der Macht der Menschen. Da kann uns niemand verletzen. Dort sind wir heil und ganz. Dort sind wir ganz wir selbst. Und dort, wo das Geheimnis in uns wohnt, können wir bei uns selbst daheim sein. Wer bei sich selbst daheim ist, der kann überall Heimat erfahren, um den herum entsteht Heimat. Wenn wir in der Stille immer nur auf uns selbst stoßen, auf unsere Probleme, auf unsere Defizite, auf unsere Verdrängungen, auf die Komplexe unserer Psyche, müssen wir ja irgendwann davonlaufen. Es kann keiner aushalten, nur mit sich selbst konfrontiert zu sein. Doch wenn ich weiß, dass unter all diesen Verdrängungen und Verwundungen Gott selbst in mir wohnt, dann kann

In uns, so sagen uns die Mystiker, ist ein Raum, in dem Gott wohnt. Es ist der Raum der Stille, zu dem allein Gott Zutritt hat. Dieser Raum ist frei von den lärmenden Gedanken, die uns sonst bestimmen, frei von den Erwartungen und Wünschen der Menschen um uns herum.

ich es bei mir aushalten, dann erfahre ich in mir einen Raum, in dem ich daheim sein kann, weil das Geheimnis selbst in mir wohnt.

Die Sehnsucht ist der Reflex Gottes in meiner Seele. Sie ist zugleich die Kraft, die Gott in mein Herz hineinruft. So betet Augustinus: »Ich rufe Dich herein in meine Seele, die Du bereitest, Dich aufzunehmen durch die Sehnsucht, die Du ihr einhauchst.« Gott hat mir die Sehnsucht geschenkt, damit ich nicht aufhöre, nach ihm zu suchen, aber auch, damit ich ihn in ihr erfahre. In der Sehnsucht habe ich kein klares Gottesbild vor Augen. Aber wenn ich mit meiner Sehnsucht in Berührung bin, erahne ich, dass Gott in meiner Sehnsucht in mir ist, dass da in mir ein Geheimnis ist, das mich übersteigt, dass ich in der Sehnsucht schon in Gott hineinreiche.

Ich selbst bin der eigentliche Ort der Gotteserfahrung. Indem ich in den Grund meines Herzens hineinhorche und dort die Sehnsucht entdecke, erfahre ich tief in meinem Innern Gott, der in mir wohnt und der sich in meiner Seele immer wieder regt durch die Sehnsucht, die in mir aufsteigt.

Wo ist der Raum,

der heil in meinem Innern ist,

wo du dich, Gott, verborgen hältst?

Ich spüre nach in meinem Körperraum,

entdecke ihn an nie geahnter Stelle

und fülle ihn mit Form und Farbe.

Leicht bist du, Gott,

in diesem heilen Raum, geschützt und hell,

geheimnisvoll verborgen in der Mitte meines Seins.

Komm, singe du in mir, mein Gott,

ein Lied der Freiheit,

das abwirft alle Last vergangener Gottesbilder.

Nur wo ein leerer Raum ist, kann Neues werden,

nur dort, wo alte Bilder in den Müll geworfen werden,

ist Platz für einen Gott des Lebens.

Der eigenen
Wahrheit begegnen

Wenn du beim Gebet bist, kommt es vor, dass in dir Dinge aufsteigen, mit denen du dich in der Vergangenheit beschäftigt hast, oder die dir gegenwärtig wichtig sind. Oder es kann sein, dass du an Personen denken musst, denen du einmal weh getan hast.

Evagrius Ponticus

Das Beten konfrontiert uns mit der eigenen Wahrheit. Es wird alles auftauchen, was uns innerlich bewegt. Es tauchen die Konflikte der Vergangenheit auf, die Verletzungen und Wunden unserer Kindheit. Es kommt das in uns hoch, was uns gerade beschäftigt: die Sorgen um die finanzielle Zukunft, das Bangen um die Entwicklung der Kinder, das Leiden an den eigenen Ängsten, die innere Unzufriedenheit, die Unruhe. Oder aber es tauchen die Personen auf, die wir selbst verletzt haben. Das Beten deckt uns auf, wo wir schuldig geworden sind. Wir sollen dann nicht um unsere Schuld kreisen und nicht um unsere Sorgen und Probleme. Wir sollen sie vielmehr Gott hinhalten. Wir sollen unsere Augen auf Gott richten. Dann beruhigt er unser Herz mitten in den Turbulenzen unseres Lebens, mitten in den Schuldgefühlen, die uns sonst zerfleischen würden.

Beten ist keine Flucht vor der Wirklichkeit. Ich kann mir im Gebet nichts vormachen, indem ich vor der wenig erfreulichen Wirklichkeit davonlaufen möchte. Im Gebet wird die Wahrheit meines Lebens offenbar. Und die ist nicht immer angenehm. Da taucht eben alles auf, was ich verkehrt gemacht habe, wo ich andere gekränkt habe, wo ich ihnen nicht gerecht geworden bin. Da werden sich meine Enttäuschungen in meinem Herzen melden.

Viele fliehen daher vor der Stille des Gebetes. Sie stürzen sich lieber in hektische Aktivitäten, um der Wahrheit ihres Herzens auszuweichen. Eine Weise der Flucht besteht auch darin, dass wir beim Beten durch unsere vielen Worte jeden Dialog mit Gott verhindern und so Gott keine Chance lassen, uns in die Wahrheit zu führen. Das Gebet, in dem unsere Wahrheit offenbar wird, ist ein Gebet der Stille, ein Gebet, in dem wir uns schutzlos Gott aussetzen, in dem wir alles, was in uns ist, vor Gott bringen, damit er es verwandle und heile.

41

Jesus, guter Hirte

Jesus, du hast ein wunderbares Wort von dir gesagt: »Ich bin
der gute Hirte. Der gute Hirte gibt sein Leben für die Schafe«
(Joh 10,11).
Du gehst mir nach, wenn ich mich selbst verloren oder mich
irgendwohin verirrt habe. Du machst mir keine Vorwürfe,
sondern nimmst mich einfach auf deine liebenden Schul-
tern und trägst mich dorthin, wo ich wieder leben kann.
Du kennst mich und du kümmerst dich um mich.
Du setzt dein Leben für mich ein. Ich bin dir so wichtig,
dass du dein Leben für mich aufs Spiel setzt.

Manchmal, wenn ich mich selbst nicht annehmen kann,

wenn ich mir so wertlos vorkomme, dann tut mir das Bild

des guten Hirten wohl. Ich stelle mir vor, wie du mich auf

deiner Schulter trägst. Und dann weiß ich: Mein Leben wird

gelingen. Ich brauche mir keine Vorwürfe mehr zu machen

für das, was war. Jetzt wird es gut. Jetzt bist du bei mir.

Wenn du bei mir bist, finde ich die Weide, die mich nährt

und auf der ich Ruhe finde. Du bist der gute Hirte, der mir

Leben schenkt, und zwar Leben in Fülle. Lass mich dieses

Leben in Fülle heute erspüren.

Öffne mich

Guter Gott, öffne meine Ohren, dass sie dein Wort

vernehmen, dass ich dein Wort mit dem Herzen höre und

mich von ihm verwandeln lasse.

Mach mich sensibel für die leisen Impulse, in denen du zu

mir sprichst. Und öffne meinen Mund, dass er dich lobt und

preist für alles, was du mir Gutes getan hast.

Befähige mich durch deinen Heiligen Geist, dass die Worte,

die ich sage, die Menschen aufrichten und ermutigen.

Lass es Worte der Liebe sein, die heilen und trösten, die

Beziehung stiften, die versöhnen und befreien, die einen

neuen Horizont eröffnen, die den Himmel aufbrechen

lassen über der Verschlossenheit der Menschen und ihnen

vermitteln, dass ihr Leben wertvoll ist und einmalig.

Mach mich zum Werkzeug deines Friedens

Nach Franziskus von Assisi

Mach mich zum Werkzeug deines Friedens,

dass ich liebe, wo man hasst,

dass ich verzeihe, wo man beleidigt ist,

dass ich verbinde, wo Streit ist,

dass ich die Wahrheit sage, wo Irrtum ist,

dass ich Glauben bringe, wo Zweifel droht,

dass ich Hoffnung wecke, wo Verzweiflung quält,

dass ich Licht entzünde, wo Finsternis regiert,

dass ich Freude bringe, wo der Kummer wohnt.

Herr, lass mich trachten nicht,

dass ich getröstet werde, sondern dass ich tröste,

nicht, dass ich verstanden werde, sondern dass ich verstehe,

nicht, dass ich geliebt werden, sondern dass ich liebe.

Denn wer sich hingibt, der empfängt,

wer sich selbst vergisst, der findet, wer verzeiht, dem wird verziehen,

und wer stirbt, der erwacht zum ewigen Leben.

GEBETETES LEBEN – LEBENDIGES BETEN

Beten von Tag zu Tag

Gebete und Begleittexte

Den »Acker«
des Tages gut bearbeiten

Am Morgen ist unser Acker gleichsam offen für das Wort. Da sind wir empfänglich. Da nehmen wir das Wort Gottes in seiner Frische auf. Daher eignet sich gerade der Morgen für die Meditation des Wortes Gottes.

Der neue Tag lädt uns ein, einen neuen Anfang zu wagen. Wir beginnen den Tag und stellen ihn unter den Segen Gottes, damit es wirklich ein Neubeginn wird.

Das deutsche Wort »beginnen« heißt ursprünglich »urbar machen«. Die Sprache drückt damit aus, dass wir den Acker unseres Lebens an diesem Tag urbar machen sollen. Wir sollen alle Dornen und Disteln herausreißen, damit der göttliche Same aufgehen und gute Frucht tragen kann. Dieser ist der Acker unserer Seele, in die das Wort Gottes fällt.

Am Morgen ist unser Acker gleichsam offen für das Wort. Da sind wir empfänglich. Da nehmen wir das Wort Gottes in seiner Frische auf. Daher eignet sich gerade der Morgen für die Meditation des Wortes Gottes.

Der Acker steht aber auch für das, was wir an diesem Tag zu bearbeiten haben, in der Arbeit, in unserem Miteinander, in den Aufgaben, die uns gestellt werden. Wir stellen den Acker dieses Tages unter Gottes Segen, damit er Frucht bringt für uns und für die Menschen.

Das Wort »Anfang« kommt von fangen. Wir fangen den Tag neu an. Das bedeutet: Wir nehmen den Tag selbst in die Hand. Und wir werden manches mit unseren Händen heute anfassen und anpacken. Wir werden in der Arbeit manches gestalten und formen. Wir packen Probleme an, um sie zu lösen. Wir werden Menschen in die Hand nehmen, unsere Beziehungen durch die Hand ausdrücken, andern mit unserer Hand Wärme und Zärtlichkeit vermitteln.

So bitten wir Gott, dass er am Morgen unsere Hände segnen möge, damit alles, was sie berühren, anfassen, anfangen und gestalten, zum Segen wird und Segen bringt.

Die Haltung der gefalteten Hände bringt zum Ausdruck, dass wir heute behutsam mit unseren Händen umgehen wollen und dass diese Hände etwas von der guten und schöpferischen Hand Gottes vermitteln mögen. Alles, was wir in die Hand nehmen, wollen wir nicht festhalten und für uns behalten. Es ist vielmehr offen für Gott. Alles ist auf Gott ausgerichtet, der uns in seinen Händen hält und seine segnende Hand über uns hält.

Ich stelle mir die Leute vor, die in den Hütten wohnen, wie es ihnen geht, worunter sie leiden, was sie brauchen und wonach sie sich sehnen. Und dann segne ich sie.

Für mich ist es ein guter Beginn des Tages, wenn ich die Hände zum Segen erhebe und den Segen zu den Menschen hinströmen lasse, die mir von ihren Sorgen erzählt oder geschrieben haben. Für viele Eltern wäre es tröstlich, wenn sie morgens den Segen nicht nur über ihren eigenen Tag sprechen würden, sondern auch über ihre Kinder und Enkelkinder. Dann können sie darauf vertrauen, dass sie nicht allein ihren Weg gehen, sondern unter dem Segen Gottes, den sie auf sie herabgerufen haben.

Ein Missionar erzählte mir, er sei jeden Morgen um 5 Uhr in die Kirche gegangen, um sein Brevier zu beten und zu meditieren. Sobald er aufgeschlossen hatte, kam auch ein alter Katechet und setzte sich eine ganze Stunde schweigend in die Kirche. Er fragte ihn einmal, was er denn da tue. Da erklärte er ihm: Ich gehe das ganze Dorf durch, Hütte für Hütte. Ich stelle mir die Leute vor, die darin wohnen, wie es ihnen geht, worunter sie leiden, was sie brauchen und wonach sie sich sehnen. Und dann segne ich sie. Dazu brauche ich eine ganze Stunde. Dieser alte Mann hatte ein Gespür dafür, was Segen bedeutet. Und er hat sein Alter fruchtbar werden lassen. Er konnte nicht mehr viel tun. Aber er segnete die Menschen in seinem Dorf. Das war sicher für das ganze Dorf ein Segen.

Den Tag
gesegnet beginnen

Ich danke für diesen Morgen

Barmherziger und guter Gott. Ich danke dir für diesen
Morgen. Du lässt mich wieder gesund aufstehen, um diesen
neuen Tag zu leben. Segne diesen Tag.
Segne das Werk meiner Hände, damit alles, was ich in die
Hand nehme, zum Segen wird für die Menschen.
Segne die Menschen, die mir lieb sind, mit denen ich mich
verbunden fühle, meine Familie, meine Freunde.
Segne die Menschen, denen ich heute begegnen werde, dass
die Begegnungen uns Segen bringen, dass jeder von uns
bereichert aus der Begegnung herausgeht.

Segne die Menschen, denen es heute schwerfällt

aufzustehen, weil sie Angst haben vor diesem neuen Tag.

Segne die, die nicht aufstehen können, weil sie krank sind.

Halte du deine segnende und schützende Hand über sie.

Segne die Menschen, die mich verletzt haben, denen ich

nicht gerne begegne, weil ich mich in ihrer Nähe unwohl

fühle. Schenke ihnen deinen Frieden. Lass mich, wenn ich

ihnen heute begegne, immer daran denken, dass deine

segnende Hand auch sie begleitet.

So segne diesen Tag und alles, was mir heute widerfährt,

damit ich in allem deinen Segen erkenne und erfahre.

Das Geschenk
des neuen Tages

Gottes Segen möge uns davor bewahren, wieder in die alten Gleise zu geraten. Er möge das Neue, das er uns schenkt, unversehrt bewahren.

Der neue Morgen erinnert uns daran, dass Gott in uns alles erneuern möchte. Das Neue hat die Faszination des Unverbrauchten, des ursprünglichen Glanzes, der den Dingen innewohnt. In der Bibel ist es immer Gott, der alles neu macht.

Paulus war von diesem Neuen fasziniert – er sagt in seinem 2. Brief an die Gemeinde in Korinth: »Wenn einer in Christus ist, so ist er eine neue Schöpfung. Das Alte ist vergangen. Neues ist geworden« (2 Kor 5,17).

Gott hat uns den neuen Morgen geschenkt, um uns daran zu erinnern, dass seine Gnade alles in uns erneuert. Sie befreit uns von allem Verbrauchten. So stellen wir am Morgen das Neue und Unverbrauchte des neuen Tages unter den Segen Gottes. Gottes Segen möge uns davor bewahren, wieder in die alten Gleise zu geraten. Er möge das Neue, das er uns schenkt, unversehrt bewahren.

Johannes Zwick hat um das Jahr 1541 das wunderbare Morgenlied gedichtet:

»All Morgen ist ganz frisch und neu
Des Herren Gnad und große Treu;
Sie hat kein End den langen Tag,
drauf jeder sich verlassen mag.«

Der Morgen lädt uns ein, die Frische von Gottes Gnade dankbar zu genießen. Der neue Tag gibt unserem Leben neuen Glanz. Er erinnert uns an den unversehrten und ursprünglichen Glanz, den Gott uns geschenkt hat. Wenn sein Licht über uns leuchtet, so wird alles in uns neu.

Der neue Tag bietet neue Chancen. Wir sind nicht festgelegt durch das Alte, durch das Verbrauchte unserer Worte, unserer Beziehungen, unserer ungelösten Probleme. Der neue Tag verheißt uns, dass Gott alles neu machen wird und uns neue Möglichkeiten und Gelegenheiten schenken wird. Wir segnen den neuen Tag, damit das neue Leben, das Gott uns in Jesus Christus geschenkt hat, sich in unserem Denken und Tun neu zeigen und dass Gottes Segen unser ganzes Sein erneuern möge.

Am Morgen

Guter Gott, wir danken dir für den neuen Tag, den wir gemeinsam beginnen dürfen.

Wir bitten dich: Segne diesen neuen Tag, dass es für uns ein guter Tag wird.

Segne uns, die wir als Familie jetzt zusammen sind, und lass uns füreinander zum Segen werden. Begleite uns mit deinem Segen heute auf unseren Wegen.

Öffne unsere Herzen füreinander, damit wir spüren, was die anderen brauchen. Lass uns gemeinsam dankbar diesen Tag erleben, den du uns schenkst.

Wir denken auch an die, die heute Morgen traurig aufgestanden sind, weil sie nicht das haben, was sie zum Leben brauchen. Denke auch an sie, damit sie diesen Tag voll Vertrauen leben können.

Aufstehen
und dem Leben vertrauen

Wir stehen nicht nur vom Schlaf auf, sondern von dem, was uns niederdrückt, von unserer Angst, von unseren Lebensmustern, die uns im Griff haben.

Paulus zitiert im Epheserbrief ein Lied, das wohl in der frühchristlichen Taufliturgie gesungen wurde: »Wach auf, du Schläfer, und steh auf von den Toten, und Christus wird dein Licht sein« (Eph 5,14).

Aufwachen und Aufstehen gehören zusammen. Und das Aufstehen am Morgen ist Symbol für die Auferstehung Jesu, derer wir am Morgen gedenken. Wir sollen in der dankbaren Erinnerung an die Auferstehung Jesu selbst aufstehen vom Schlaf. Dieses Aufstehen erinnert uns an die vielen Auferstehungsgeschichten, die uns die Bibel berichtet. Jesus sagt zu dem Gelähmten: »Steh auf, nimm dein Bett und geh!«

Manche werden am Morgen noch vom Bett ihrer Krankheit festgehalten, entweder weil sie wirklich krank sind und nicht aufstehen können, oder aber, weil sie sich ans Bett ihrer Ängste und Hemmungen fesseln lassen oder nicht aus dem warmen Nest in die Welt hinein aufstehen möchten. Als Jesus den besessenen Jungen, der immer wieder vom Dämon zur Erde geworfen wird, heilt, heißt es: »Er fasste ihn an der Hand und richtete ihn auf, und der Junge erhob sich« (Mk 9,27). Da geschieht Auferstehung. Wir stehen nicht nur vom Schlaf auf, sondern von dem, was uns niederdrückt, von unserer Angst, von unseren Lebensmustern, die uns im Griff haben, von unserem Versagen. Immer wieder fallen wir in die gleichen Fehler.

Doch nicht das Fallen ist das Problem, sondern das Liegenbleibenwollen. Jesus mahnt uns am Morgen: Steh auf. Lass das Kreisen um deine Fehler, um deine Schwächen, um deine Ängste. Steh auf. Ich selbst nehme dich an der Hand, damit du aufstehen kannst.

Manche wollen nicht aufstehen, weil sie Angst haben, sie könnten im Lebenskampf verletzt werden. Doch dann ziehen sie sich immer mehr in ihr Grab zurück und erstarren.

Im Vertrauen, dass Christus mit uns aufsteht, uns aufrichtet und uns aufrecht hält, dürfen wir es wagen, den Aufstand zu wagen gegen alles, was uns am Leben hindert, aufzustehen und dem Leben standzuhalten. Es ist einer da, der sich vor uns hinstellt, damit wir bei ihm selber den Mut finden, zu uns zu stehen. Es ist Christus selbst, der für uns einsteht, damit auch wir es wagen, für das einzustehen, was uns heilig ist.

Morgengebet

Barmherziger und guter Gott, segne diesen Tag.

Du hast ihn mir geschenkt, damit ich ihn erlebe als eine

heilige Zeit, als eine Zeit, in der du selbst immer bei mir bist.

Segne alles, was ich heute in die Hand nehme. Lass meine

Arbeit gelingen. Segne die Gespräche, die ich führe. Segne

die Begegnungen, damit ich in jedem Menschen dein Antlitz

aufleuchten sehe. Segne die Menschen, die mir am Herzen

liegen. Lass sie nicht allein auf ihrem Weg. Begleite sie und

sende deine heiligen Engel, damit sie ihre Wege mitgehen

und sie beschützen. Segne diesen Tag, dass ich ihn im

Bewusstsein deiner heilenden und liebenden Nähe lebe.

Und segne mich heute, damit ich selbst zu einer Quelle des

Segens werden darf für die Menschen, die mir

heute begegnen. Amen.

Gebet vor der Arbeit

Barmherziger und guter Gott, segne heute meine Arbeit. Ich
weiß nicht, was mich heute alles erwartet. Manchmal habe
ich Angst vor den ständigen Konflikten an meiner
Arbeitsstelle, manchmal bedrückt mich die unsichere
Zukunft unserer Firma.
Segne du meine Arbeit, damit ich in ihr den Menschen diene,
für die ich da bin, und dass das, was ich tue, für sie zum
Segen wird. Segne die Gespräche mit den Arbeitskollegen,
damit wir uns im Gespräch näherkommen.
Bewahre mich davor, andere zu verletzen. Segne die Sitzung,
die heute ansteht, damit wir gemeinsam überlegen, wie wir
unsere Arbeit besser gestalten können.

Bewahre uns vor Streit und Intrigen, die unser Miteinander so oft blockieren. Öffne unseren Blick für das, was die anderen vorbringen.

Schenke uns den Glauben an die gute Absicht, die auch in gegenteiligen Meinungen steckt. Lass uns gemeinsam hinhorchen, was du uns heute sagen möchtest, damit wir erkennen, wohin du uns führen möchtest.

Gebet in der Freizeit

Gütiger Gott, endlich ist Feierabend.

Jetzt darf ich die freie Zeit genießen.

Bewahre mich davor, die freie Zeit, die du mir geschenkt

hast, zu verplanen und mit neuen Aktivitäten zuzustopfen.

Ich will genießen, dass ich frei habe. Ich will die Freiheit

spüren, nichts tun zu müssen. Wenn ich diese Freiheit in mir

spüre, dann kann ich mich gerne auf das einlassen, was

mich daheim bei meiner Familie erwartet oder was ich mit

Freunden vorhabe.

Lass alles, was ich in dieser Freizeit tue, den Geist der Weite

atmen, der Lockerheit, der Freiheit, der Freude.

Erfülle du mich mit deiner Freude, damit durch mich diese

Freude weitergehen kann zu den Menschen,

mit denen ich lebe.

Gebet am Mittag

Barmherziger Gott, ich danke dir für die Gaben, die du mir
heute Mittag schenkst, damit ich neue Kraft schöpfe für
meine Arbeit. Lass mich die Gaben genießen.

Du kennst meine innere Hast, das Essen schnell
herunterzuschlingen.

Schenke mir jetzt die Langsamkeit beim Genießen, damit
ich nicht die Unruhe der Arbeit in das Essen mit hinein-
nehme, sondern beim Essen ganz bei mir bin und mich ganz
auf die Speisen einlassen kann, die ich zu mir nehme.

Du stärkst mich mit deinen Gaben. Du lässt mich deine Güte
in deinen Gaben schmecken.

Lass die Mahlzeit wirklich heilsam werden für mich und
segne die Mittagspause, damit ich dann wieder gerne mit
der Arbeit beginne.

Vor dem Essen

Vater im Himmel, du schenkst uns dieses Essen. Wir haben
reichlich zu essen. Und wir sind dankbar, dass du uns Gaben
schenkst, die uns guttun.
Wir danken dir auch für die Tischgemeinschaft. Du selbst
bist in unserer Mitte. Du bist die Klammer, die uns
zusammenhält.
Lass uns nun gemeinsam deine Gaben genießen und
dankbar sein für unsere Gemeinschaft. Es ist schön,
miteinander zu essen und das Leben zu genießen, das du
uns täglich schenkst.
Gib allen Menschen, was sie zum Leben brauchen. Lass uns
aber auch die nicht vergessen, die alleine essen müssen,
weil sie niemanden haben, der für sie Zeit hat.
Sei du auch bei ihnen.

Tischgebet

Guter Gott, wir danken dir für dieses Mahl, das du uns
geschenkt hast. Du hast den Tisch reich gedeckt mit guten
Gaben, in denen wir deine Güte und Freundlichkeit erfahren
dürfen. Lass uns deine Gaben in Freude genießen.

Segne unsere Tischgemeinschaft, damit wir dich in unserer
Mitte erfahren als den Gott der Liebe.

Segne unsere Gespräche, dass sie uns einander näherbringen und uns einander verstehen lassen.

Stärke uns durch dieses Mahl und schenke uns einst Anteil
an deinem ewigen Mahl, an dem wir für immer dich
genießen dürfen als die Fülle des Lebens.

Darum bitten wir durch Christus, unsern Herrn.

Amen.

Am Abend wollen wir zur Ruhe kommen. Wir haben viel gearbeitet. Manchmal war es hektisch und wir kamen mit unserer Seele nicht nach. So ist es gut, sich am Abend in aller Stille vor Gott zu setzen und unter Gottes Segen ruhig zu werden. Wir stellen uns vor, dass Gottes heilende und liebende Nähe uns umgibt. Von Gottes Gegenwart umhüllt lassen wir den Tag nachklingen.

Am Abend
den Tag Gott hinhalten

Am Abend halten wir unseren Tag Gott hin. Die schönste Gebärde, in der wir dies tun können, sind die zur Schale geöffneten Hände. Unsere Hände bergen den heutigen Tag in sich. Wir haben heute vieles in die Hand genommen. Wir haben gehandelt, mit den Händen geformt, gestaltet, andern den Weg gewiesen. Wir haben andere Menschen berührt, manchmal zärtlich, manchmal bestimmend, manchmal vielleicht auch oberflächlich, abwesend und abweisend. In den Händen halten wir unseren Tag Gott hin und bitten ihn um seinen Segen. Sein Segen möge alles in uns verwandeln. Sein Segen möge das, was uns gelungen ist mit unseren Händen, auf Dauer zum Segen werden lassen für uns selbst und für die Menschen, für die wir es getan haben. Wir bitten aber auch, dass Gottes Segen unser Versagen umfassen möge. Wir bitten, dass Gottes Segen alles verwandeln möge, dass auch die Wunden, die wir geschlagen haben, verwandelt werden. Wenn wir den vergangenen Tag unter den Segen Gottes stellen, dann hören wir auf, ihn selbst zu bewerten. Dann verstummen unsere Selbstvorwürfe und Selbstbeschuldigungen. In den Händen halten wir den Tag Gott so hin, wie er ist. Und wir vertrauen, dass sein Segen alles gut macht. So werden unsere Hände, die wir in den Segen Gottes halten, ruhig und wir erfahren am Abend des Tages einen tiefen inneren Frieden, einen Frieden, wie ihn nur Gottes Segen zu schenken vermag.

Am Abend wollen wir zur Ruhe kommen. Wir haben viel gearbeitet. Manchmal war es hektisch und wir kamen mit unserer Seele nicht nach. So ist es gut, sich am Abend in aller Stille vor Gott zu setzen und unter Gottes Segen ruhig zu werden. Wir stellen uns vor, dass Gottes heilende und liebende Nähe uns umgibt. Von Gottes Gegenwart umhüllt lassen wir den Tag nachklingen. Wie ist der Geschmack, den dieser Tag in mir hinterlässt? Welche Begegnungen tauchen auf? Welche Sorgen klingen nach? Welche Ängste begleiten mich? Vor Gott lasse ich alles in mir hochkommen, was in meiner Seele aufsteigen möchte.

Und ich danke Gott für alles, was war, für die Begegnungen, für das, was gelungen ist, aber auch für das, was nicht gelungen ist. Auch darin hat Gott zu mir gesprochen und mich gesegnet, mich darauf hingewiesen, dass es nicht allein auf mein Tun und meine Kraft ankommt, sondern letztlich auf seinen Segen und seine Gnade. Im Danken verwandelt sich der Tag für mich. Die Dankbarkeit führt mich zur Ruhe. In ihr fühle ich mich eins mit Gott. Alles Lärmende wird still, alle Konflikte beruhigen sich und das Aufgeregte löst sich auf in Ruhe und Frieden.

Ich danke Gott, dass er mich durch alles hindurchgeführt hat. Und ich bitte um seinen Segen, dass er alles, was ich heute begonnen habe, zu einem guten Ende führen möge.

> **Wenn wir den vergangenen Tag unter den Segen Gottes stellen, dann hören wir auf, ihn selbst zu bewerten. Dann verstummen unsere Selbstvorwürfe und Selbstbeschuldigungen. In den Händen halten wir den Tag Gott so hin, wie er ist.**

Abendsegen

Barmherziger und guter Gott, am Ende dieses Tages danke ich dir für alles, was du mir geschenkt hast. Ich danke dir für die Schritte, die ich tun durfte, für das, was meine Hände vollbracht haben. Und ich danke dir für die Begegnungen, die du mir gewährt hast. Segne du das Werk meiner Hände, dass es für viele zum Segen werde. Segne die Menschen, denen ich begegnet bin, dass sie sich in dieser Nacht von dir geschützt wissen und dass sie deine segnende Hand über sich spüren.

Segne diese Nacht, dass sie sich heilend über alles legt, was uns tagsüber aufgewühlt hat. Lass die Turbulenzen unserer Seele zur Ruhe kommen. Decke mit deiner Liebe auch den Streit zu, der so viele Menschen entzweit. Und lass in dieser Nacht in ihrer Seele Versöhnung geschehen, so dass sie morgen mit neuen Augen auf das schauen, was sie entzweit hat. Erfülle in der Dunkelheit der Nacht die Herzen der Menschen mit deinem Licht. Breite deinen Frieden über die Menschen, damit sie morgen den Frieden ihrer Seele in diese Welt bringen. Segne meine Nacht, dass ich in dir zur Ruhe komme. Ich vertraue dir alles an, was mich bewegt.

Ich vertraue darauf, dass deine heiligen Engel mich behüten und all das,

was in meiner Seele durcheinandergeraten ist, ordnen und klären.

Schenke mir die Ruhe, die mein Leib und meine Seele brauchen, um

morgen wieder neu das Werk zu beginnen, das du mir anvertraut hast.

Ich danke dir für die Stille, die sich jetzt um mich breitet. Lass auch meine

Seele still werden, damit sie morgen neue Worte findet, dich und deine

Herrlichkeit zu preisen.

Ich danke dir für die Dunkelheit, die alles bedeckt, was voller Sorge ist. Sei

du die Sonne meines Herzens und sei mitten in der Dunkelheit das Licht,

das in mir leuchtet. Erhelle die Abgründe meiner Seele mit dem Strahl

deines Lichtes. Und lass mich morgen dich in allem erkennen, was mir

begegnet.

Segne diese Nacht und segne auch die letzte Nacht, die mich erwartet,

in der ich für immer in dich und deine liebenden Arme fallen werde.

So segne mich und alle Menschen, an die ich jetzt denke. Lass diese Nacht

für uns alle zum Segen werden. Amen.

Ich danke dir für den vergangenen Tag

Guter Gott, ich danke dir für den vergangenen Tag.

Du hast mir so viel geschenkt.

Ich danke dir für die Begegnungen, die ich heute hatte,

für die Gespräche, in denen ich das Geheimnis berührt habe,

das uns alle umfängt.

Die Arbeit ist mir heute leicht von der Hand gegangen.

Ich danke dir für das, was mir heute geglückt ist.

Ich danke dir für alles, was du mir heute in die Hand

gelegt hast und was ich anderen weitergeben durfte.

So lege ich mich dankbar nieder und vertraue mich deinen

guten Händen an.

Sende mir auch heute Nacht deinen Engel, damit er mich

behütet und über mich wacht. Er soll mir gute Träume

schicken, die mir neue Wege weisen für den morgigen Tag.

Am Abend

Herr, segne diese Nacht, dass sie für mich eine heilige Zeit wird, eine Zeit, in der du selbst zu mir sprichst im Traum.

Segne meinen Schlaf, damit ich mich erholen und morgen mit neuer Kraft wieder aufstehen kann, um das zu vollbringen, wozu du mich berufen hast.

Segne mich in dieser Nacht, damit ich in deinen guten und zärtlichen Händen geborgen und getragen bin. Bewahre mich vor Krankheit und Tod.

Sende deine heiligen Engel, damit sie mich in Frieden behüten. Und segne auch alle, die heute Nacht weinen, weil sie traurig sind.

Segne die, die nicht schlafen können. Und zeige ihnen, dass du deine gute Hand über sie hältst.

So segne mich und alle, die mir lieb sind, der gütige und barmherzige Gott, der Vater, der Sohn und der Heilige Geist. Amen.

In dieser Nacht trägst du mich

Guter Vater. Der Tag ist heute an mir einfach vorübergegangen.

Ich war nicht bei mir. Ich habe einfach vor mich hin gelebt.

So will ich wenigstens jetzt am Abend dir diesen Tag

nochmals hinhalten. Nimm du ihn so, wie er war.

Wenn du ihn annimmst, dann vermag ich mich auch

mit ihm zu versöhnen.

Ich verzichte darauf, mir Vorwürfe zu machen.

Er war, wie er war. Wenn er in deinen Händen liegt, dann ist es

gut. Dann kann ich ihn mit ruhigem Gewissen loslassen.

Und ich kann mich jetzt in deine Hände fallen lassen.

In dieser Nacht trägst du mich mit deinen guten und

zärtlichen Händen. Es tut gut, sich in deiner Liebe zu bergen.

So kann ich ruhig schlafen und darauf vertrauen, dass du mich

in dieser Nacht stärkst für den neuen Tag, an dem du mir eine

neue Chance gibst, alles anders zu machen

und von neuem zu beginnen.

So lass mich jetzt in Ruhe schlafen.

Gebet zur Nacht

Barmherziger Gott, die Nacht breitet sich über mich, über

mein Haus, über meinen Alltag, über meine Stadt, ja über

die ganze Welt.

Segne diese Nacht, dass es für mich und für die Menschen,

mit denen ich mich verbunden fühle, eine gesegnete Nacht

wird, dass sie den inneren Lärm mit ihrer Stille vertreibt

und die Unruhe meines Herzens zur Ruhe bringt.

Decke du in dieser Nacht zu, was uns trennt, damit uns die

Dunkelheit und Stille nun auf einer tieferen Ebene mitein-

ander verbindet. Ermögliche uns in unseren festgefahrenen

Konflikten durch diese Nacht einen neuen Anfang.

Segne diese Nacht, dass ihre Stille den aufgewühlten

Menschen Frieden schenkt, durch Christus unsern Herrn.

Amen.

Bei Schlaflosigkeit

Barmherziger Gott, ich wälze mich hin und her und
kann einfach nicht schlafen.
Ich möchte alles loslassen, was mich beschäftigt.
Aber immer wieder tauchen die Gedanken an das
misslungene Gespräch auf.
Die Sorgen um meine Kinder lassen mich nicht los. Ich
grüble ständig nach, wie es mit mir und meiner Familie
weitergeht, ob wir das Leben bewältigen.
Ich habe Angst, morgen wegen meiner Schlaflosigkeit
keine Kraft zu haben.
Was willst du mir sagen in meiner Schlaflosigkeit?
Von welchen Vorstellungen über mein Leben
soll ich mich verabschieden?

Ich lege mich mit all meiner Unruhe und mit meiner

Unfähigkeit zu schlafen in deine guten Hände.

Ich gebe die Fixierung auf das Schlafen oder Nichtschlafen

auf. Ich berge mich in deine Hände, schlafend oder wachend,

im Vertrauen, dass du mich mit neuer Kraft erfüllst,

auch wenn ich nicht lange schlafe.

Betend vertraue ich mich dir an. Ich bete nicht, dass du mir

Schlaf schenkst, sondern ich bete, dass du mit deinem Geist

mich immer tiefer erfüllst.

Dann ist es nicht mehr so wichtig, ob ich wache oder schlafe.

Dann bin ich bei dir und in dir und vertraue darauf,

dass dein Geist mich erfrischt.

Gehe gesegnet
schlafen

Der Abendsegen bringt zum Ausdruck, dass wir auch in der Nacht Gottes Schutz brauchen.

Wir beschließen die Komplet immer mit dem Abendsegen. Der Abt spricht: »Eine ruhige Nacht und ein gutes Ende gewähre uns der allmächtige Herr.« Dann singen wir eine marianische Antiphon, das »Salve Regina« oder die Antiphon, die gerade im Kirchenjahr trifft. Nach einer kurzen Stille besprengt der Abt dann den Konvent und die Kirchenbesucher mit dem Weihwasser.

Ein Gast meinte einmal, das erinnere ihn daran, wie wenn die Mutter das Kind im Bett noch mal streichelt. Der Abendsegen bringt zum Ausdruck, dass wir auch in der Nacht Gottes Schutz brauchen. Die Träume können uns ängstigen. In ihnen kann uns aber auch Gott innerlich stärken und Weisung für unser Leben erteilen. So bitten wir, dass unsere Nacht gesegnet sei, dass wir gut schlafen und in Frieden ruhen können. Das ist heute für viele nicht mehr selbstverständlich. Immer mehr haben Schlafprobleme. Sie ruhen nicht in Frieden, sondern wälzen sich unruhig hin und her und werden von Ängsten heimgesucht. Auch die Nacht bedarf des Segens, damit sie das wird, wozu sie Gott für uns geschaffen hat: zu einer Zeit des Ruhens, des Träumens und der Erholung.

So bitten wir, dass unsere Nacht gesegnet sei, dass wir gut schlafen und in Frieden ruhen können.

Im Abendsegen halten wir Gott unseren Tag nochmals hin. Trotz aller Konflikte und aller Enttäuschungen übergeben wir Gott den Tag und vertrauen darauf, dass es ein gesegneter Tag gewesen ist, dass er uns und anderen Menschen zum Segen gereichen möge. Und wir lassen uns im Abendsegen in Gottes gütige und zärtliche Hände fallen. Zugleich erinnern wir uns daran, dass die Nacht ein Bild des Todes ist. Es ist nicht selbstverständlich, dass wir wieder aufwachen. So mahnt uns die Nacht, uns mit allem, was ist, Gottes gnädiger Hand anzuvertrauen und in Gott Frieden zu finden.

Ich bitte um Achtsamkeit und Geduld

Herr Jesus Christus, du kehrst auch in mein Haus ein, so wie du bei Maria und Marta eingekehrt bist.

Aber so oft verstecke ich mich hinter vielen Aktivitäten. Es genügt mir oft, wenn ich etwas von dir eingesehen habe.

Aber ich halte es nicht aus, längere Zeit einfach vor dir zu sein und auf dich zu schauen und auf dein Wort zu hören.

Ich bitte dich um Achtsamkeit und Geduld, damit ich wie Maria einfach nur vor dir verweile und auf dich schaue, ohne dich für mich auszunutzen, ohne sofort Ratschläge zu wollen.

Sprich zu mir in der Stille und zeige mir, dass nur eines notwendig ist: dich in mein Leben eintreten zu lassen, dir zu Füßen zu sitzen und mich von dir beschenken zu lassen.

Denn du allein kannst meine tiefste Sehnsucht erfüllen.

Wenn wir den Abend segnen, dann hören wir auf, darüber zu grübeln, was wir heute oder in unserem Leben noch alles hätten erledigen müssen. Wir legen mit diesem Tag unser ganzes Leben in Gottes gute Hand.

Des Schlafes Bruder ist der Tod. Wenn wir uns abends niederlegen, wissen wir nicht, ob wir am nächsten Morgen aufstehen werden. Viele sind nachts für immer friedlich eingeschlafen. So erinnert uns der Schlaf an den Tod. Wir halten den Abend unseres Lebens in den Segen Gottes. Wir tun es im Bewusstsein, dass dieser

Tag und Leben
in Gottes Hände legen

Abend der letzte Abend sein kann. Dann wird die Nacht für uns zum Symbol, dass wir unser ganzes Leben Gottes guten Händen anvertrauen.

Jesus hat am Kreuz den Abendpsalm der frommen Juden gebetet. Seine Worte werden auch für uns zum Bild für unser ganzes Leben. Am Abend unseres Lebens können wir mit Jesus sprechen: »Vater, in deine Hände befehle ich meinen Geist.«

Wenn wir den Abend so segnen, dann hören wir auf, darüber zu grübeln, was wir heute oder in unserem Leben noch alles hätten erledigen müssen. Wir legen mit diesem Tag unser ganzes Leben in Gottes gute Hand.

Wir vertrauen darauf, dass seine Hand vollenden wird, was wir hier nicht zuwege gebracht haben. Wir müssen nicht alles vollkommen machen. Gott selbst erfüllt, was an uns noch fehlt. So brauchen wir uns keine Sorgen zu machen, ob unser Leben erfüllt genug war.

Wir spüren an jedem Abend auch die Brüchigkeit unseres Lebens. Ganz gleich, wann der letzte Abend kommt, er wird uns immer unvollendet antreffen. Der Abend lädt uns ein, dankbar unser Leben in Gottes Hände fallen zu lassen. In Gottes Liebe kommt es zur Vollendung und zur Ruhe.

Wir spüren an jedem Abend auch die Brüchigkeit unseres Lebens. Ganz gleich, wann der letzte Abend kommt, er wird uns immer unvollendet antreffen.

Wenn wir an die Menschen denken, denen wir noch das oder jenes sagen sollten, dann finden wir keinen Schlaf. Wir vertrauen am Abend unseres Lebens auch die Menschen Gott an. Gott wird weiter seine Hand über sie halten. Und er wird alles gut machen.

In diesem Vertrauen segnen wir den Abend unseres Lebens, damit unser ganzes Leben gesegnet sei und zum Segen werde für viele. Und wir segnen unseren Tod, dass wir – wie man früher sagte – einen guten Tod sterben, einen Tod, in dem wir uns voller Vertrauen Gottes Liebe überlassen.

Der Abend ist Bild für unser Leben, für den Abend unseres Lebens, für das Abschließen des Tages, für die Ambivalenz unseres Lebens zwischen Scheitern und Erfolg, zwischen Wachen und Schlafen, zwischen Licht und Dunkelheit, zwischen Arbeit und Ruhe.

Am Abend

Gott und den Menschen Gutes sagen

Wenn Sie selbst Kinder haben, dann haben Sie sicher schon erfahren, dass sich die Kinder am Abend vor dem Schlafengehen nach einem Gutenachtkuss, nach einem Abendsegen sehnen.

Nach der Gutenachtgeschichte möchten sie gesegnet werden für die Nacht. Sie brauchen den Segen, damit die Angst vor der Nacht vergeht.

Nicht nur Kinder, auch viele Erwachsene sehnen sich nach dem schützenden Segen am Abend. Der Abendsegen ist nicht nur kindlicher Wunsch, er will mehr: Er will all das, was uns am Abend durch den Kopf geht, unter den Segen Gottes stellen.

Der Abend ist Bild für unser Leben, für den Abend unseres Lebens, für das Abschließen des Tages, für die Ambivalenz unseres Lebens zwischen Scheitern und Erfolg, zwischen Wachen und Schlafen, zwischen Licht und Dunkelheit, zwischen Arbeit und Ruhe.

Unser Leben stellen wir unter den Abendsegen. Und all die Menschen, an die wir am Abend denken, sollen nicht ohne Segen sein in dieser Nacht. So ist es ein Urbedürfnis, am Abend einen Segen zu sprechen. Im Lateinischen heißt Segnen benedicere. Und das meint: Gutes sagen. Wir sagen den Menschen Gutes. Aber wir sagen auch Gott gute Worte. Segnen bedeutet auch: loben und preisen. Wir loben und preisen Gott für seine unermessliche Güte.

Der Abend ist Bild für unser Leben, für den Abend unseres Lebens, für das Abschließen des Tages, für die Ambivalenz unseres Lebens zwischen Scheitern und Erfolg, zwischen Wachen und Schlafen, zwischen Licht und Dunkelheit, zwischen Arbeit und Ruhe.

Die Mönche haben die Tradition der frommen Juden übernommen, jeden Tag ein feierliches Abendlob zu singen. Dabei preisen sie Gott den Vater und Schöpfer aller Welt. Und sie preisen Christus, die wahre Sonne. Wenn die Sonne des Tages untergeht, so zünden sie das Licht Christi an und besingen das Licht, das in unserem Herzen aufgeht und niemals untergehen wird, auch nicht im Tod. Denn Christus ist die unbesiegbare Sonne, das unvergängliche Licht. Dieses Licht soll uns durch die Nacht begleiten.

Menschen und ihr Leben segnen

Segensgebete

Segensgebet

Barmherziger und guter Gott, du bist die Quelle allen Segens.

Ich bitte dich, segne mich und segne all die Menschen,

die mir am Herzen liegen.

Halte schützend deine segnende Hand über die Menschen.

Segne das Werk meiner Hände, damit meine Arbeit zum

Segen wird für die Menschen.

Segne heute diesen Tag, damit alles,

was ich in die Hand nehme, gelingen möge.

Segne die Gespräche, die ich heute führen werde,

damit ich ein Gespür bekomme für das,

was die anderen wirklich brauchen.

Segne die Begegnungen, die du mir heute schenkst,

damit sie zum Segen werden für mich und für die,

denen ich begegne.

Segne all die Menschen, die sich ungeliebt fühlen.

Sende ihnen deinen Segen als Liebe.

Sende deinen Segen als Hoffnung zu den Hoffnungslosen

und Verzweifelten, als Lebendigkeit zu den Erstarrten, als

Licht zu denen, in deren Herzen es dunkel geworden ist.

Segne die Menschen, die krank sind und an sich selbst

leiden, damit sie neue Hoffnung schöpfen.

Segne die Sterbenden, dass sie in ihrem Sterben das Zeitliche

segnen und so zum Segen werden für alle, die noch in der

Zeit sind.

Segne uns alle, damit wir füreinander zum Segen werden.

Erfülle mit deinem Segen die ganze Welt, damit wir die Welt

als Segen erfahren dürfen.

Erfülle alle Menschen, die mir nahe sind, mit deinem Segen.

Lass uns heute überall deinen Segen erfahren, in der Stille,

im Gebet, in den Begegnungen, in den Gesprächen, bei der

Arbeit und in allem, was wir erleben.

So segne uns und alle, die uns nahestehen, der gütige und

barmherzige Gott, der Vater, der Sohn und der Heilige Geist.

In der Hand
berührt dich Gott

Die Handauflegung ist eine sehr eindrückliche Gebärde. In ihr vermittle ich dem anderen, dass Gott selbst seine Hand über ihn hält, dass er geschützt und geborgen ist.

Die christliche Tradition kennt zwei Grundgebärden des Segnens: das Kreuzzeichen und die Handauflegung. Beide Gebärden werden mit der Hand ausgeführt. Die Hand ist seit jeher für den Menschen von großer Bedeutung. Mit der Hand handeln wir, formen und gestalten wir. Mit der Hand packen wir die Dinge und Aufgaben an. Wir berühren einander mit der Hand. Wir drücken unsere Liebe aus, indem wir einander zärtlich streicheln. Unsere Hand kann aber auch verletzen, wenn wir einen anderen festklammern, ihn auf ein bestimmtes Bild festnageln oder ihm die Hand verweigern. Wenn wir mit der Hand segnen, wäre es wichtig, dass wir ganz in unseren Händen sind, dass wir den anderen behutsam und achtsam, zärtlich und liebevoll berühren.

Wenn Jesus einzelne Menschen gesegnet hat, hat er ihnen die Hände aufgelegt. Die Handauflegung ist eine sehr eindrückliche Gebärde. In ihr vermittle ich dem anderen, dass Gott selbst seine Hand über ihn hält, dass er geschützt und geborgen ist. Ich lege die Hände auf den Kopf. Für die Inder öffnet das Kopf-Chakra den Menschen für das Göttliche. Im Segen strömt Gottes Geist in den anderen ein. Die Hände sind seit jeher das Organ, mit dem ich Gottes Kraft und Gottes Liebe einem anderen vermittle. Für mich selbst erlebe ich die Handauflegung als eine sehr persönliche und intime Geste. Ich spüre die Wärme des anderen. Und manchmal erahne ich, dass da jetzt im anderen etwas Heilendes strömt. Ich kann die Hände schweigend auflegen oder auch mit Worten verbinden. Aber auch wenn ich dabei spreche, ist es für mich wichtig, einige Augenblicke die Hände nur schweigend über dem anderen zu lassen. Was in ihm geschieht, lässt sich letztlich nicht mit Worten ausdrücken. Es ist ein Geheimnis. Es braucht das Schweigen, damit der unbegreifliche und unaussprechliche Gott selbst am anderen handelt.

Wenn ich die Hände auflege, bereite ich mich innerlich vor. Ich versuche, ganz in der Gebärde zu sein und dabei alle eigenen Bedürfnisse und Nebenabsichten loszulassen, damit ich durchlässig bin für Gottes heiligen und heilenden Geist. Dann erlebe ich die Gebärde auch für mich als etwas Heiliges. Ich erfahre mich in dieser Geste als den Kanal, durch den Gottes Liebe rein zum anderen strömen möchte, ohne von meinen eigenen Emotionen verunreinigt zu werden.

Lukas schildert uns noch eine andere Weise, wie Jesus gesegnet hat. Er schließt sein Evangelium mit den Worten: »Dann führte er sie hinaus in die Nähe von Betanien. Dort erhob er seine Hände und segnete sie. Und während er sie segnete, verließ er sie und wurde zum Himmel emporgehoben; sie aber fielen vor ihm nieder. Dann kehrten sie in großer Freude nach Jerusalem zurück« (Lk 24,50-52).

Ich kann die Hände schweigend auflegen oder auch mit Worten verbinden. Aber auch wenn ich dabei spreche, ist es für mich wichtig, einige Augenblicke die Hände nur schweigend über dem anderen zu lassen. Was in ihm geschieht, lässt sich letztlich nicht mit Worten ausdrücken. Es ist ein Geheimnis.

Diese Segensgebärde Jesu wiederholt der Priester beim feierlichen Segen am Schluss der Eucharistie. Dabei gibt es zwei verschiedene Gebärden. Ich erhebe die Hände und stelle mir vor, wie der Segen durch meine Hände zu den Menschen strömt. Diese Gebärde ist uralt. Die Darstellungen gehen 10.000 Jahre zurück. Es ist auch die Segensgebärde, mit der ich morgens den Segen zu den Menschen sende, die mir wichtig sind. Die andere Gebärde ist das Ausbreiten der Hände über die anderen. Es ist wie bei der Handauflegung. Aber nun lege ich sie gleichsam allen Versammelten auf und rufe Gottes Segen auf sie herab.

Lukas beschreibt die Wirkung dieses Segens auf die Jünger. Sie fallen nieder und kehren in großer Freude nach Jerusalem zurück. Sie erfahren den Segen als etwas Heiliges, vor dem sie in die Knie gehen. In vielen Gemeinden ist es heute noch üblich, beim Segen niederzuknien. Es ist eine Gebärde der Ehrfurcht vor dem, was Gott an ihnen tut. Und die Jünger kehren voll Freude in ihren Alltag zurück. Der Segen ruft in ihnen Freude hervor, die Gewissheit, dass ihr Leben gelingt und Frucht bringt, und das Vertrauen, dass sie in Gottes guter Hand sind, von ihr geschützt und getragen.

83 Menschen und ihr Leben segnen

Segnen
mit dem Kreuzzeichen

Wenn ich mich mit dem Kreuz bezeichne, dann bekenne ich, dass alles Gegensätzliche in mir von Gottes Liebe berührt ist. Es gibt nichts, was von Gottes Liebe ausgeschlossen ist. Durch das Zeichen des Kreuzes vergewissere ich mich leibhaft der Liebe Gottes.

In der christlichen Tradition haben sich verschiedene Formen des Segnens herausgebildet. Wir segnen mit dem Kreuz, mit Weihwasser oder mit Worten. Und es gibt die verschiedenen Segensgebärden der Hände: die ausgebreiteten Hände und die Handauflegung.

Das deutsche Wort »segnen« kommt von zwei lateinischen Worten: von signare und secare. Signare heißt: bezeichnen. Signum ist das Zeichen. Die Kirchensprache meint damit immer das Kreuzzeichen. Und secare heißt: ritzen, schneiden. Die frühen Christen bezeichneten sich schon im ersten Jahrhundert mit dem Kreuzzeichen. Und manche tätowierten sich das Kreuz auf die Stirn. Manche junge Menschen tätowieren sich heute negative Bilder ein. Sie tun ihrer Seele nicht gut.

Die frühen Christen sahen im Kreuz ein Schutzzeichen gegen alles Böse und ein Zeichen von Gottes Liebe, die alles in ihnen berührt und verwandelt. Das Kreuz war für die frühen Christen nicht so sehr ein Symbol für das Leiden Christi. Vielmehr übernahmen sie die Deutung des Johannesevangeliums, in dem der Tod Jesu am Kreuz die Vollendung der Liebe ist. Das Kreuz ist ein Zeichen dafür, dass Jesus uns bis zur Vollendung geliebt hat, dass er alles in uns liebt. Das Kreuz ist ein Bild für die Gegensätze in uns, an denen wir oft genug leiden. Wenn ich mich mit dem Kreuz bezeichne, dann bekenne ich, dass alles Gegensätzliche in mir von Gottes Liebe berührt ist. Es gibt nichts, was von Gottes Liebe ausgeschlossen ist. Durch das Zeichen des Kreuzes vergewissere ich mich leibhaft der Liebe Gottes.

Das große Kreuzzeichen geht von der Stirn bis zum Unterbauch und von der linken Schulter zur rechten. Ich ritze die Liebe Gottes in meine Stirn, damit mein Denken nicht kalt und berechnend ist, sondern von Liebe durchdrungen. Der Unterbauch steht für die Vitalität und Sexualität. Auch in diesen Bereich zeichne ich die Liebe Gottes hinein. Es gibt nichts in mir, was nicht von Gottes Liebe angenommen und erfüllt ist. Und ich drücke in dieser Gebärde die Hoffnung aus, dass Gottes Liebe meine oft mit Besitzenwollen vermischte Liebe verwandle und reinige. Die linke Schulter bezeichnet einmal das Unbewusste, dann das Weibliche in mir, und auch das Herz, den Sitz der Liebe, das Zentrum der Person. Die rechte Schulter ist Bild für das Bewusste, für das Männliche und für das Handeln. Mit dem Kreuzzeichen segne ich alle Bereiche meines Leibes und meiner Seele. Der Segen Gottes, der am Kreuz am deutlichsten offenbar geworden ist, durchdringt alles in mir, das Denken, die Vitalität und Sexualität, das Unbewusste und Bewusste, das Helle und das Dunkle. Im Kreuzzeichen mache ich mir immer wieder bewusst, dass ich von Gott gesegnet bin. Ich darf mich selbst segnen, weil Gott alles in mir unter seinen Segen gestellt hat.

Im Anschluss an ein Gebet aus der syrischen Kirche verbinde ich das Kreuzzeichen gerne mit folgenden Worten: »Im Namen des Vaters, der mich ausgedacht und gebildet hat; und des Sohnes, der hinabgestiegen ist in meine Menschlichkeit; und des Heiligen Geistes, der das Linke zum Rechten wendet.«

Im Kreuzzeichen erfahre ich den Segen, der mir durch die Schöpfung und durch die Menschwerdung und Erlösung in Jesus Christus zuteilwird. Und ich erfahre, dass ich hineingenommen bin in das Leben und die Liebe des dreifaltigen Gottes. So wie Gott dreifaltig ist, so gibt es auch in mir drei Bereiche, in die Gott eindringen möchte: den Geist, die Seele und den Leib. Ich erlebe Gott als den Vater, der mich erschaffen hat und der mir einen kreativen Geist gegeben hat, damit ich selbst schöpferisch bin. Ich erlebe den Sohn als den, der

vom Himmel herabsteigt und sich – so zeigt es uns Johannes in der Fußwaschung – bis in den Staub der Erde hinabbeugt, um mich gerade an meiner verwundbarsten Stelle zu heilen. Das Kreuzzeichen ermutigt mich, mit Christus selbst hinabzusteigen in meine eigene Menschlichkeit mit ihren Trieben und Begierden. Nur so kann das Triebhafte verwandelt werden. Und ich erlebe den Heiligen Geist als den, der das Zerrissene und Gespaltene in mir verbindet, der das Herz mit dem Handeln verbindet, das Unbewusste mit dem Bewussten, das Männliche mit dem Weiblichen, das Starke mit dem Schwachen, das Erfolgreiche mit dem Erfolglosen. Der Heilige Geist macht mir Mut, alles in mir anzunehmen und nichts abzuspalten.

Eine andere Form des Kreuzzeichens wird in der Liturgie vor dem Evangelium praktiziert. Ich zeichne mit dem Daumen das Kreuz auf meine Stirne, auf meinen Mund und auf meine Brust. Ich drücke damit aus, dass das Wort Gottes zum Segen wird für mein Denken, dass es mein eigenes Reden prägt und tief in mein Herz eindringt. Wenn Personen sich einander segnen, tun sie es oft, indem sie sich gegenseitig das Kreuz auf die Stirn zeichnen. In vielen Haushalten ist es noch üblich, in das Brot, das man anschneidet, ein Kreuz zu ritzen. In der frühen Kirche hat man das Werkzeug mit diesem Kreuzzeichen versehen und alle Gegenstände, die einem wichtig waren. In der Liturgie ist die übliche Weise des Segnens, dass man das Kreuzzeichen macht. Wenn der Priester am Schluss der Eucharistiefeier den Segen spendet, dann zeichnet er mit seinen Händen ein Kreuz über die Gemeinde.

> **Das Kreuzzeichen ermutigt mich, mit Christus selbst hinabzusteigen in meine eigene Menschlichkeit mit ihren Trieben und Begierden. Nur so kann das Triebhafte verwandelt werden.**

Segensgebet am Tagesbeginn

Barmherziger und guter Gott, ich danke dir

für die vergangene Nacht.

Du hast mich in deiner Treue behütet.

Du warst bei mir in meinen Träumen.

Du warst als Licht in meinem Herzen.

Du hast mir Erholung und Ruhe geschenkt.

Ich danke dir für den neuen Tag, den du heraufgeführt hast.

Du gibst ihn mir in die Hand, damit ich ihn so gestalte,

dass deine Liebe und deine Barmherzigkeit

in dieser Welt aufstrahlen.

Segne diesen Tag, dass es nicht nur für mich, sondern für

alle, denen ich heute begegnen werde, ein guter Tag wird.

Gott, du machst alles neu.

Lass mich an diesem Morgen erfahren,

dass du das Vergangene nicht nachträgst, dass du Altes und

Verbrauchtes abstreifst, um das Neue deiner

schöpferischen Liebe in uns zu verwirklichen.

So segne den Neuanfang dieses Tages,

dass mein Herz durch deinen Geist erneuert wird.

Segne ihn, dass meine verfahrenen Beziehungen wieder ins

Fließen kommen. Segne ihn, dass vergangene Fehler mich

nicht belasten, sondern Neues in meiner Arbeit, in meinem

Wirken, in meinem Denken möglich wird.

Erneuere du mein Leben

und schaffe alles um mich herum neu.

Gib den Menschen, die sich selbst aufgegeben haben,

neuen Mut und neue Kraft. Erfrische sie

mit deinem unverbrauchten und immer lebendigen Geist.

Segne alles, was ich heute in die Hand nehme,

meine Arbeit, meine Pläne.

Ich will mein Bestes wagen,

aber ich weiß, dass ohne deinen Segen nichts bestehen

und nichts gelingen kann.

So lass mich unter deinem Segen in den Tag gehen,

damit alles, was ich anfasse und anfange,

zum Segen wird für die Menschen.

Segne die Menschen, denen ich heute begegne.

Lass sie deine heilende und liebende Nähe spüren,

die sie umgibt.

Segne das Werk ihrer Hände, damit es gelingt.

Segne alle, die mir lieb sind.

Lass deinen Segen für uns das Band sein, das uns verbindet.

Barmherziger und guter Gott,

du hast uns in deinem Sohn Jesus Christus gesegnet,

mit allem Segen des Himmels und der Erde.

Dein Sohn begleite mich und alle, die mir lieb sind,

heute auf all unseren Wegen.

Er zeige uns den Weg. Er stärke uns, wenn wir schwach

werden. Er richte uns auf, wenn wir fallen.

Er erfülle uns mit seiner Liebe,

wenn unsere Liebe zu zerrinnen droht.

Guter Gott, dein Heiliger Geist durchdringe und stärke uns.

Er sei die Quelle, aus der wir schöpfen.

Er sei die Glut, die in uns brennt und uns mit Liebe erfüllt.

Er befruchte alles, was wir heute aussäen in Wort und Tat.

So segne uns alle der gütige und barmherzige Gott, der Vater

und der Sohn und der Heilige Geist. Amen.

MENSCHEN UND IHR LEBEN SEGNEN

Der Segen verwandelt die Räume, die mich heute erwarten. Und so kann ich anders in ihnen leben und arbeiten. In allen Räumen, die ich heute betreten werde, erwartet mich schon Gottes Segen.

Morgensegen
Gott wohnt bei uns

Der Segen, den wir am Morgen in den Tag strömen lassen, möge auch die Räume erfüllen, in denen wir heute leben. Segnen wir also den Raum, in dem wir leben: die Räume unserer Wohnung. Alle Räume mögen von Gottes Segen erfüllt sein.

Manchmal haben wir das Gefühl, die Räume unserer Wohnung seien noch voll von Unfrieden, von Angst, von Sorgen. Der Konflikt von gestern hängt noch im Wohnzimmer. Wenn wir es betreten, fühlen wir uns nicht wohl darin. Die Spannung, die noch den Raum ausfüllt, greift sofort nach uns.

Wenn wir aber wissen, dass Gottes Segen in diesen Raum geströmt ist, werden wir mit einem freien und vertrauensvollen Herzen dort hineingehen.

Oder wir haben den Eindruck, dass wir allein sind in unserer Wohnung. Wenn wir den Segen in die Räume unserer Wohnung einfließen lassen, dann wissen wir: Wir sind nicht allein in unserem Haus.

Gott selbst wohnt bei uns mit seiner Liebe, mit seinem Licht und seiner Barmherzigkeit. Wenn Gott in den Räumen meines Hauses wohnt, dann werden sie mir zur Heimat. Dann fühle ich mich darin geborgen und von Liebe umgeben. Und die Räume meiner Wohnung erinnern mich dann daran, dass in mir ein heiliger Raum ist, in dem Gott selbst wohnt. Dort, wo Gott in mir wohnt, kann ich daheim sein. Ich habe keine Angst mehr vor dem, was in mir ist.

Wir segnen die Räume, in denen wir heute arbeiten werden. Räume, in denen wir negative Erfahrungen gemacht haben, betreten wir oft mit innerer Spannung. Wenn wir in diese Räume den Segen Gottes einströmen lassen, dann verlieren sie das Bedrohliche.

Wir segnen die Räume, in denen wir heute arbeiten werden. Räume, in denen wir negative Erfahrungen gemacht haben, betreten wir oft mit innerer Spannung. Wenn wir in diese Räume den Segen Gottes einströmen lassen, dann verlieren sie das Bedrohliche.

Auch die so weltlichen Räume, die Büros, die Fabrikhallen, die Klassenzimmer sind von Gottes Segen erfüllt. Auch dort werde ich Gottes Liebe begegnen und nicht nur den düsteren Stimmungen mancher Mitarbeiter oder der harten Geschäftswelt, in der es nur um Profit geht.

Der Segen verwandelt die Räume, die mich heute erwarten. Und so kann ich anders in ihnen leben und arbeiten. In allen Räumen, die ich heute betreten werde, erwartet mich schon Gottes Segen. Und ich will mit meinem Auftreten den Segen Gottes nicht vertreiben, sondern ihm mit meinem Leben antworten, so dass nicht menschliche Macht und Zwietracht, sondern Gottes Segen alles bestimmt.

MENSCHEN UND IHR LEBEN SEGNEN

Das, was der Traum uns gezeigt hat, das sind wir selbst, das sind die Abgründe unserer Seele. Wir halten die Träume in Gottes Liebe hinein, damit seine Liebe in alle Bereiche unseres Unbewussten eindringen kann.

Morgensegen
Gott in unsere Träume lassen

Beim Aufwachen erinnern wir uns oft an die Träume, die wir in der Nacht geträumt haben. Doch selten erinnern wir uns an den ganzen Traum, meist sind nur es einzelne Traumbilder, die nachklingen. Oder es ist das Gefühl, das der Traum in uns ausgelöst hat und das in uns weiterwirkt, wenn wir aufwachen.

Im Traum spricht Gott zu uns. So ist es gut, am Morgen die Träume Gott hinzuhalten. Im Traum halten wir Gott unsere tiefste Wahrheit hin. Das, was der Traum uns gezeigt hat, das sind wir selbst, das sind die Abgründe unserer Seele. Wir halten die Träume in Gottes Liebe hinein, damit seine Liebe in alle Bereiche unseres Unbewussten eindringen kann. Oft sind es aber auch Träume, in denen uns Gott ein Wort sagt, das uns den Weg weist. Oder wir haben im Traum ein Licht geschaut und in der Tiefe unserer Seele wussten wir: Gott ist bei uns. Er begleitet mich immer und überall. Und Gott ist Licht und Liebe. Für solche Träume dürfen wir Gott danken. Er selbst hat uns darin berührt.

Der Morgensegen betrifft auch unsere Träume. Wir bitten um Gottes Segen, damit das, was er uns im Traum gezeigt hat, wahr wird. Wir halten uns und unsere Träume unter Gottes Segen, damit alles in uns gesegnet sei, auch das, was wir in uns noch nicht kennen, was wir nur dunkel erahnen.

Wenn wir unsere Träume in den Segen Gottes stellen, dann wächst in uns die Gewissheit, dass es nichts in uns gibt, was nicht gesegnet ist. Alles in uns ist gut. Gottes gutes Wort dringt bis in die Tiefen unserer Seele. Und sein Licht leuchtet bis in die dunkelsten Bereiche unseres Unbewussten.

Dieses Licht möge uns heute begleiten, wenn finstere Gedanken in uns auftauchen und unseren Geist zu verdunkeln suchen. Gottes Segen sei wie das Licht, das alles erleuchtet. Es strahle heute über uns und allen Menschen, denen wir begegnen, damit es ein gesegneter Tag werde für alle. – So bitten wir mit dem schon erwähnten Lied von Johannes Zwick:

Den Tag, Herr, deines lieben Sohns

lass stetig leuchten über uns,

damit, die wir geboren blind,

doch werden noch des Tages Kind.

Und wandeln, wie's dem wohl ansteht,

in dessen Herzen hell aufgeht

der Tag des Heils, die Gnadenzeit,

da fern ist alle Dunkelheit.

MENSCHEN UND IHR LEBEN SEGNEN

Segen im Tageslauf

Barmherziger, guter Gott, alles hat seine Zeit. Segne meine
Ordnung des Tages, die dem Frieden der Gemeinschaft und
dem Frieden für mich selbst dient. Segne du
meine Motivation, damit ich nicht in Unruhe und Hektik
verfalle, sondern voller Kreativität und mit meinem
ganzen Herzen selbst zum Segen werde.

Guter Vater, segne heute an diesem Tag die Atmosphäre der

gegenseitigen Liebe in unserer Gemeinschaft, damit auch

die ganz banalen Dienste des Alltags funktionieren und wir

uns nicht daran aufreiben. Sende deinen guten Geist für

diese brüderliche Liebe. Lass mich meinen Alltag im Licht

der Sehnsucht betrachten und halte deine segnenden Hände

darüber, damit mir alles zu einem Ort des Absprungs hin zu

Gott wird. Herr, lass mich erkennen, dass ich Gott nur in der

Nüchternheit meines Alltags erfahren kann.

Segne du deshalb auch die aus meiner Sicht unbedeutenden

Kleinigkeiten, die mir heute widerfahren, und lass sie zu

einer Quelle der Gotteserfahrung werden.

Guter Gott, lass mich mit deinem Segen ganz in Beziehung

zu den Dingen sein, die ich heute anfasse und mit denen ich

arbeite, um dadurch dir zu begegnen, dir immer näherzu-

kommen.

Darum bitte ich durch Christus, unseren Herrn. Amen.

Menschen und ihr Leben segnen

Segen bei Tisch

Guter Gott, wir danken dir für dieses Mahl,

das du uns geschenkt hast.

Du hast den Tisch reich gedeckt mit guten Gaben, in denen

wir deine Güte und Freundlichkeit erfahren dürfen.

Lass uns deine Gaben in Freude genießen.

Segne unsere Tischgemeinschaft, damit wir dich in unserer

Mitte erfahren als den Gott der Liebe.

Segne unsere Gespräche, dass sie uns einander

näherbringen und uns einander verstehen lassen.

Stärke uns durch dieses Mahl und schenke uns einst

Anteil an deinem ewigen Mahl, an dem wir für immer dich

genießen dürfen als die Fülle des Lebens.

Darum bitten wir durch Christus, unseren Herrn.

Amen.

Segen am Abend

Herr, segne diese Nacht, dass sie für mich eine heilige Zeit wird, eine Zeit, in der du selbst zu mir sprichst im Traum.

Segne meinen Schlaf, damit ich mich erholen und morgen mit neuer Kraft wieder aufstehen kann, um das zu vollbringen, wozu du mich berufen hast.

Segne mich in dieser Nacht, damit ich in deinen guten und zärtlichen Händen geborgen und getragen bin.

Bewahre mich vor Krankheit und Tod. Sende deine heiligen Engel, damit sie mich in Frieden behüten. Und segne auch alle, die heute Nacht weinen, weil sie traurig sind.

Segne die, die nicht schlafen können.

Zeige ihnen, dass du deine gütige Hand über sie hältst.

So segne mich und alle, die mir lieb sind, der gütige und barmherzige Gott, der Vater, der Sohn und der Heilige Geist.

Am Abend des Tages denke ich an alle Menschen, die mir am Herzen liegen, an die, denen ich heute begegnet bin, und an die, mit denen ich mich verbunden fühle.

Es gibt immer eine Reihe von Menschen, an die ich persönlich jeden Abend denke und für die ich bete. Und je nach dem, welche Begegnungen ich hatte, kommen neue hinzu. Sie alle stelle ich unter den Segen Gottes. Ich kann ihre Probleme nicht lösen. Ich kann ihre Angst nicht auflösen, ihre Depression nicht vertreiben. Aber wenn ich sie unter

Für andere
den Segen Gottes erbitten

Es gibt immer eine Reihe von Menschen, an die ich persönlich jeden Abend denke und für die ich bete. Und je nach dem, welche Begegnungen ich hatte, kommen neue hinzu. Sie alle stelle ich unter den Segen Gottes.

den Segen Gottes stelle, dann schaue ich mit neuer Zuversicht auf sie. Sie sind nicht allein. Gottes Segen hüllt sie ein.

Ich segne sie, dass ihre Nacht gesegnet sei, dass der Schlaf ihnen die Traurigkeit nimmt, sie von der Angst befreit und sie mit neuer Zuversicht erfüllt. Ich bitte Gottes Engel, dass sie über sie wachen und ihnen im Traum Zuversicht schenken, dass Gott bei ihnen ist, dass sie in ihrer Not nicht alleingelassen sind. Für mich ist die Gebärde der segnenden Hände eine Hilfe, den Segen zu all diesen Menschen zu schicken und mir vorzustellen, dass Gottes Segen sie mit einer schützenden Decke einhüllt, so dass sie sich in Gottes Liebe geborgen fühlen. Den Segen kann ich in die Worte eines weiteren Abendpsalms, Psalm 91, kleiden und dabei an den Menschen denken, der mir gerade am nächsten steht:

»Mit seinen Schwingen deckt er dich,

du findest Zuflucht unter seinen Flügeln.

Ein Schild und ein Schutzwall ist seine Treue

Du brauchst vor dem Schrecken der Nacht nicht zu bangen,

noch vor dem Pfeil, der am Tage daherschwirrt.

Dir wird kein Unheil widerfahren,

kein Leid wird deinem Zelte nahen.

Denn er hat seinen Engeln befohlen,

dich zu behüten auf all deinen Wegen.

Sie werden dich auf Händen tragen,

damit dein Fuß an keinem Stein sich stoße.

Du wirst über Löwen und Schlangen gehen,

wirst Leu und Drachen zertreten.«

Nacht & Traum
Begegnung mit Gott

Gott ist bei uns und in uns. Er ist in all unserer Dunkelheit, in unserer Angst, in unserer Traurigkeit. Er ist auch in all den Bereichen unseres Unbewussten.

Im kirchlichen Abendsegen bitten wir Christus, dass er in unser inneres Haus einkehren möge und dass seine heiligen Engel uns behüten mögen. Die Nacht war für die Alten immer beides: ein Ort der Gefährdung und ein Ort besonderer Nähe zu Gott.

Die Emmausjünger baten Jesus am Abend, dass er bei ihnen bleiben und mit ihnen in das Haus gehen möge. So bitten wir am Abend, da sich dunkle Wolken über unsere Seele legen möchten, dass Christus in unser Herz einziehe und dass seine heiligen Engeln uns beschützen.

Die Engel sind seit jeher die Traumboten. Wir bitten am Abend, dass Gott uns in der Nacht schützen möge, dass wir ruhigen Schlaf finden, dass wir uns ausruhen dürfen und am nächsten Tag mit neuer Kraft und Zuversicht aufstehen können. Und wir bitten am Abend, dass Gott im Traum zu uns sprechen möge, dass er uns zeigt, wie es um uns steht, welche Schritte wir tun sollen, damit unser Leben gelingt. Gott möge im Traum unsern Glauben stärken, damit wir nicht nur mit unserem Verstand und Willen an Gottes heilende Kraft glauben, sondern in der Tiefe unseres Herzens, auch in den Abgründen unseres Unbewussten wissen:

Gott ist bei uns und in uns. Er ist in all unserer Dunkelheit, in unserer Angst, in unserer Traurigkeit. Er ist auch in all den Bereichen unseres Unbewussten, die uns verborgen sind. Im Traum möge Gott uns offenbaren, dass alles in uns unter seinem Segen steht, dass er alle Räume unseres inneren Hauses mit seiner Liebe und seiner Güte bewohnt und erfüllt.

Mit Alkuin, dem Benediktinermönch und dem großen Erzieher zur Zeit Karls des Großen, können wir beten:

»Deinen Frieden, Herr,
gib uns vom Himmel,
und dein Friede bleibe in unsern Herzen.
Lass uns schlafen in Frieden
und wachen in dir,
auf dass wir vor keinem Grauen der Nacht
uns fürchten.«

Segen für dich

Der barmherzige und gute Gott segne dich.

Er umhülle dich mit seiner liebenden

und heilenden Gegenwart.

Er sei mit dir, wenn du aufstehst und dich niederlegst.

Er sei bei dir, wenn du aus dem Haus gehst

und wenn du wieder zurückkehrst.

Er sei mit dir, wenn du arbeitest. Er lasse dein Werk gelingen.

Er sei mit dir in jeder Begegnung

und öffne dir die Augen für das Geheimnis,

das dir in jedem menschlichen Antlitz aufleuchtet.

Er behüte dich auf all deinen Wegen.

Er stütze dich, wenn du schwach wirst.

Er tröste dich, wenn du dich einsam fühlst.

Er richte dich auf, wenn du gefallen bist.

Er erfülle dich mit seiner Liebe, mit seiner Güte und Milde.

Er schenke dir inneren Frieden. Das gewähre dir der gute

Gott: der Vater, der Sohn und der Heilige Geist.

MENSCHEN UND IHR LEBEN SEGNEN

Segen zum Geburtstag

Guter Gott, segne N., der/die heute Geburtstag feiert.

Wir danken dir, dass wir ihn/sie unter uns haben dürfen.

Wir danken dir für sein/ihr Wesen, für seine/ihre

Lebendigkeit und Fröhlichkeit.

Segne das neue Lebensjahr, das N. heute beginnt, dass er/sie

in diesem neuen Jahr neue Fähigkeiten entwickelt und neue

Wege geht, dass er/sie immer mehr hineinwächst in das

Bild, das Gott sich von ihm/ihr gemacht hat.

Du hast uns in seiner/ihrer Geburt beschenkt, weil du mit

ihm/ihr etwas ausdrückst, das nur durch ihn/sie

ausgedrückt werden kann.

Wir danken dir, dass wir uns an ihm/ihr erfreuen dürfen.

So bitten wir dich: Segne ihn/sie, damit er/sie immer mehr

selbst zum Segen für andere wird.

Segen zum Namenstag

Guter Gott, segne N., der/die heute Namenstag hat.

Wir lieben seinen/ihren Namen, der uns etwas über

seine/ihre Einmaligkeit aussagt.

Lass ihn/sie immer mehr hineinwachsen in das, was der/die

heilige N. in seinem/ihrem Leben dargestellt hat. Du hast

ihn/sie selbst mit Namen gerufen. Er/sie gehört dir. Du hast

uns in ihm/ihr einen einmaligen Menschen geschenkt.

So bitten wir seinen/ihren Namenspatron, dass er ihn/sie

heute besonders beschütze und ihn/sie immer mehr

einführe in das Geheimnis seines/ihres Lebens, in das

Geheimnis seiner/ihrer einmaligen

und einzigartigen Person.

MENSCHEN UND IHR LEBEN SEGNEN

Segen der Eltern für ihre Kinder

Guter Gott, segne heute meine Kinder.

Halte schützend deine Hand über sie, dass sie ihre Wege

unter deinem Segen gehen.

Schütze sie vor allem, was sie vom richtigen Weg

abbringen möchte.

Segne sie, damit sie voll Vertrauen ihren Weg gehen. Und

segne sie, damit sie klar erkennen, was ihr Weg zum Leben

und in die Wahrheit ist.

Segne sie, dass sie sich heute immer und überall von deinem

Segen umgeben wissen, dass sie sich als Gesegnete fühlen –

als Menschen, die einmalig und wertvoll sind,

die selbst zum Segen werden für andere.

Segne meine Kinder, dass sie sich nicht durch

Enttäuschungen entmutigen lassen und dass sie

nicht resignieren, wenn etwas nicht nach ihren

Vorstellungen geht.

Schenke ihnen Kraft, dass sie sich dem Leben mit seinen

Herausforderungen stellen und so innerlich wachsen und

stärker werden.

Begleite du sie mit deinem Segen dorthin, wo ich sie nicht

begleiten kann.

Ich sende ihnen meine Liebe und mein Wohlwollen. Aber ich

weiß nicht, ob sie meine guten Gedanken immer spüren.

Ich vertraue deinem Segen, der sie begleitet und ihre Wege

beschützt, damit sie immer mehr in das Bild hineinwachsen,

das du dir von ihnen gemacht hast.

Segensgebete
Orte und Zeiten

Durch den Segen bekommt alles ein anderes Gesicht. Und du wirst dich gegenüber dem vergangenen Tag anders fühlen, voll Dankbarkeit und voller Frieden. Und dann segne auch die Nacht, damit sie dir zum Segen wird. In der Nacht geschieht ja Wesentliches für unsere Seele.

Der Segen wird seit jeher durch bestimmte Formeln und Gebete ausgedrückt. Im Judentum war der so genannte aaronitische Segen beliebt. In der evangelischen Kirche wird er häufig am Schluss der Liturgie gesprochen. Er heißt:

»Der Herr segne und behüte dich. Der Herr lasse sein Antlitz über dir leuchten und sei dir gnädig! Er zeige dir sein Angesicht und gebe dir den Frieden.«

In diesem Segenswort wird etwas deutlich, was für jeden Segen gilt. Im Segen wendet uns Gott sein freundliches Angesicht zu. Es ist der mütterliche Gott, der sich liebevoll gerade mir zuneigt. Die Erfahrung des Segens hat mit der Grunderfahrung des Kindes zu tun, das in das freundliche und liebende Gesicht der Mutter schaut, die sich über die Wiege beugt. Das Leben des Kindes gelingt nur, wenn es immer wieder diese liebende Zuwendung der Mutter erfährt. Ähnliches können wir vom Segen sagen: Unser Leben gelingt nur, wenn wir immer wieder erleben dürfen: Gott wendet mir sein freundliches Angesicht zu. Ich bin angesehen. Ich bin wahrgenommen. Ich bin geliebt. Im Segen begegnen wir dem mütterlichen Gott.

Wenn wir einen persönlichen Segen über einen Menschen sprechen, so sollte diese mütterliche Zuwendung, diese zärtliche Atmosphäre mütterlicher Liebe darin zum Ausdruck kommen.

Segnen ist immer persönliche Zuwendung. Ich schaue den Menschen an. Ich meditiere mich in ihn hinein, um wahrzunehmen, was dieser konkrete Mensch braucht, was seine tiefste Sehnsucht ist. Der Segen soll nicht irgendein frommes Wort sein, losgelöst von diesem konkreten Menschen, sondern eine persönliche Zusage und Zuwendung, eine Antwort auf die tiefste Sehnsucht und das eigentliche Bedürfnis dieses einen Menschen.

In den letzten Jahren sind irische Segenssprüche sehr beliebt geworden. Sie spiegeln etwas wider von dieser mütterlichen und zärtlichen Atmosphäre, die eigentlich jeden Segen prägen sollte. Sie zeichnen sich durch ihre Bildhaftigkeit aus.

Sie bringen die Erfahrungen der Menschen zur Sprache, ihre Erfahrung von Wind und Regen, von Sonne und blühenden Feldern. Du kannst dich von den irischen Segensworten anregen lassen zu eigenen Segensgebeten. Aber wichtiger wäre es, wenn du beim Formulieren des Segens deinem eigenen Gefühl traust und die Worte sagst, die aus deinem Herzen strömen. Wenn du einen Menschen segnest, dann spüre dich in ihn hinein: Was bewegt ihn? Was bräuchte er? Wonach sehnt er sich? Was möchte ich gerade diesem Menschen von Gott her zusprechen? Viele Menschen kennen fast nur Bittgebete. Wenn sie in ein Gespräch gehen, bitten sie Gott, dass es gelinge. Das darf so sein. Denn letztlich bitten sie, dass Gott das Gespräch segne. Du kannst aber statt des Bittgebetes selbst Segensworte über eine konkrete Situation sprechen. Wenn es einen Konflikt gibt in der Familie, in deiner Firma, in deiner Gruppe, dann sprich einen Segen hinein. Der Segen wird dir helfen, die Situation mit anderen Augen anzuschauen. Und du wirst sehen, dass die Atmosphäre nicht mehr nur von Missverständnissen und Spannungen geprägt ist, sondern vom Segen Gottes, der das Klima um dich herum verwandelt. Du kannst am Morgen den heutigen Tag segnen. Sprich über alles, was dich erwartet, den Se-

Wenn wir einen persönlichen Segen über einen Menschen sprechen, so sollte diese mütterliche Zuwendung, diese zärtliche Atmosphäre mütterlicher Liebe darin zum Ausdruck kommen.

gen. Im Segen drückst du deinen Glauben aus, dass der Tag, in den du heute hineingehst, vom Segen Gottes umfasst ist. Die Büroräume, die Produktionshalle, das Kaufhaus, die Arbeitsstätte, sie alle sind vom Segen Gottes umfasst. Du gehst nicht in Räume, die von den negativen Emotionen geprägt werden, sondern in Räume, über denen Gottes Segen steht. Du gehst unter dem Segen Gottes. Du arbeitest unter dem Segen Gottes. Du begegnest Menschen, die von Gottes Segen erfüllt sind.

Am Abend kannst du im Rückblick auf den Tag und deine Begegnungen nochmals alles segnen, was war. Durch den Segen bekommt alles ein anderes Gesicht. Und du wirst dich gegenüber dem vergangenen Tag anders fühlen, voll Dankbarkeit und voller Frieden. Und dann segne auch die Nacht, damit sie dir zum Segen wird. In der Nacht geschieht ja Wesentliches für unsere Seele. Träume können die Seele aufwühlen oder ihr neue Hoffnung schenken. Sie können unser Herz mit Licht erfüllen und uns einen Weg weisen, wie wir weitergehen sollen. Bitte Gott, dass auch deine Nacht unter Gottes Segen steht, aber nicht nur deine Nacht, sondern auch die Nacht all derer, die heute nicht schlafen können, die weinen, weil sie traurig sind und nicht mehr ein noch aus wissen.

Segensgebet in dunklen Stunden

Ich lasse dich nicht fallen und verlasse dich nicht.

Ich bleibe bei dir mit meiner Liebe,

ich begleite dich, wohin du auch gehst.

Meine Liebe sei deine Kraft,

meine Treue sei dein Schutz.

Meine Zärtlichkeit hülle dich ein,

und meine Sehnsucht

komme dir entgegen.

Wenn du traurig bist, will ich dich trösten,

in deiner Unruhe lege ich meine Hand auf dich,

in deinem Schmerz küsse ich deine Wunde,

und im Getriebensein gehe ich

als Engel der Langsamkeit an deiner Seite.

Wenn Menschen dich verlachen,

stärke ich dir den Rücken,

in deiner Einsamkeit nehme ich dich in meine Arme,

in deiner Sprachlosigkeit leihe ich dir meine Stimme,

und wenn du gebeugt bist, richte ich dich auf

durch einen Blick der Liebe.

Wenn alles in dir erstarrt,

schenke ich dir meine Wärme,

und wenn Sorgen dich drücken,

flüstere ich dir Worte der Zuversicht ins Ohr.

Füllt Gram deine Seele, will ich ihn vertreiben,

und meine Gegenwart möge dir Licht sein in allem, was du tust.

Am Morgen weckt dich meine Sehnsucht,

und am Abend deckt meine Liebe dich zu;

schlafe ein in meinen Armen

Atem in Atem, Herz an Herz …

lausche, es schlägt für dich …

durch die lange Nacht, an jedem neuen Tag …

MENSCHEN UND IHR LEBEN SEGNEN

Für einen lieben Menschen

Wenn du einen Menschen segnest, dann traue
den Worten, die sich in deinem Herzen von selbst
bilden. Aber wenn du dich schwertust, selbst Worte
zu formen, kann dich dieses Gebet vielleicht anregen:

Barmherziger und guter Gott, segne meine Schwester, meinen Bruder (mein Kind, meinen Freund, meine Freundin, meinen Mann, meine Frau). Halte deine schützende Hand über sie und lasse sie überall deine heilende und liebende Nähe spüren. Durchdringe sie mit deinem heiligen Geist. Lass deinen heiligen und heilenden Geist eindringen in alle Abgründe ihrer Seele. Heile ihre Wunden. Belebe, was in ihr erstarrt ist. Befruchte in ihr, was vertrocknet ist. Bringe sie in Berührung mit der Quelle des Segens, die in ihr sprudelt. Und mache sie so, wie sie ist, zum Segen für die Menschen, denen sie begegnet. Schenke ihr das Vertrauen, dass du ihre Wege segnest. Geh du mit ihr ihren Weg, damit sie ihr Weg in immer größere Lebendigkeit, Freiheit und Liebe hineinführt. Amen.

Segensgebet in Ängsten

Wenn mich jemand um den Segen bittet, lege ich ihm
die Hände auf. Und dann spüre ich mich in den Empfänger
hinein und vertraue den Worten, die dann aus mir herauskommen.
Ich möchte mich nicht einfach auf eine feste Formel beschränken,
sondern im Segen diesem konkreten Menschen etwas zusagen.
Natürlich gibt es da auch feste Formeln, die immer wieder kommen.
Aber es ist der Segen für diesen konkreten Menschen.
Für die Frau, die von Ängsten geplagt wird, bete ich zum Beispiel:

Barmherziger und guter Gott, segne meine Schwester und

halte deine liebende Hand schützend über sie. Durchdringe

ihre Angst mit deinem heiligen Geist und bringe sie in

Berührung mit dem Vertrauen, das auf dem Grund ihres

Herzens in ihr bereitliegt. Nimm ihrer Angst die lähmende

und zerstörende Kraft. Verwandle sie zu einer Erinnerung

deiner liebenden Nähe. Stärke ihren Glauben, dass sie auch

in ihrer Angst in deiner guten Hand geborgen ist. Und sende

ihr den Engel des Vertrauens, dass er sie auf ihrem Weg

begleite und sie auf ihrem Weg in immer größere Freiheit

und Weite hineinführt. So segne dich der gütige und barm-

herzige Gott, der Vater, der Sohn und der Heilige Geist.

MENSCHEN UND IHR LEBEN SEGNEN

Beten in dunklen Stunden

Gebete und Begleittexte

Beten
in der Krise

Für mich ist das Beten keine Verlegenheitslösung. Wenn ich in der Krise bete, dann bleibe ich nicht in der Passivität stecken. Ich bete nicht, dass Gott alle meine Probleme lösen soll. Ich bespreche vielmehr mit Gott meine Probleme, meine Ängste und meine Sorgen.

Der Rat, in der Krise zu beten, scheint manchen nur eine Vertröstung oder Notlösung zu sein. Wenn einem nichts mehr einfällt, dann könne man beten, meinen sie. Doch für mich ist das Beten keine Verlegenheitslösung. Wenn ich in der Krise bete, dann bleibe ich nicht in der Passivität stecken. Ich bete nicht, dass Gott alle meine Probleme lösen soll. Ich bespreche vielmehr mit Gott meine Probleme, meine Ängste und meine Sorgen. Ich halte Gott meine Hilflosigkeit und Ohnmacht hin.

Schon dieses Zulassen meiner negativen Gefühle vor Gott verwandelt mich. Ich fühle mich nicht mehr allein. Ich bin auch mit meinen Sorgen und Ängsten von Gott angenommen. So kann ich ihn auch bitten, mir Wege zu zeigen, wie ich aus der Krise herauskommen kann. Das Gebet gibt mir dann Zuversicht. Es stärkt mein Denken. Es nimmt mir nicht die Sorgen weg, aber es stärkt mich, konkrete Wege zu finden.

Es ist auch legitim, Gott darum zu bitten, die Krise vorbeigehen zu lassen und für bessere Zeiten zu sorgen. Allerdings dürfen wir Gott nicht als Zauberer sehen, der alles von allein löst. Wie er wirkt, das wissen wir letztlich nicht. Gott vermag aber durchaus die Situation zu ändern, indem er seinen Heiligen Geist in die Köpfe der Verantwortlichen sendet, damit sie sinnvolle Lösungen entwickeln. Er kann innere Verwicklungen in den Köpfen der Menschen durch seinen Geist auflösen. Er kann auch in der Gesellschaft, ja in der ganzen Welt etwas in Bewegung bringen.

Aber zunächst bringt das Beten uns in Bewegung. Wir fühlen uns nicht mehr hilflos und ohnmächtig. Wir beginnen, im Gebet Vertrauen zu fassen, dass wir beispielsweise nicht einfach den Intrigen krimineller Spekulanten ausgeliefert sind, sondern dass uns auch in der Krise Gottes Hand hält. Schon dieses Gefühl, dass nicht die Banken mein Leben bestimmen, sondern Gott, tut meiner

Seele gut. Sie fühlt sich freier und lebendiger und kann dann wieder mit Fantasie und Kreativität auf die Krise reagieren.

Im Gebet darf ich Gott meine Wünsche sagen. Jeder wünscht sich, dass wir von der Krise verschont bleiben, dass wir unseren Arbeitsplatz behalten, dass wir als Familie finanziell über die Runden kommen. Es ist legitim, all diese konkreten Anliegen Gott vorzutragen. Aber wir dürfen nicht enttäuscht sein, wenn Gott nicht alle unsere Wünsche erfüllt. Jedes Gebet sollte in die Bitte des Vaterunsers münden: »Dein Wille geschehe wie im Himmel also auch auf Erden.« Diese Bitte hat zwei Bedeutungen. Zum einen soll Gottes Wille auf Erden geschehen – und nicht der Wille der Spekulanten oder der Mächtigen dieser Erde. Gott möge die Verhältnisse auf der Erde mit seinem Geist bestimmen – und nicht der Ungeist der Menschen. Zum anderen bedeutet diese Bitte, dass wir es Gott überlassen, wie er auf unsere Bitten reagiert. Vielleicht hat Gott ganz andere Wege, auf die Krise zu reagieren. Vielleicht möchte er unsere Probleme nicht schnell lösen. Sonst würden wir nichts dazulernen.

Ganz gleich, wie Gott auf unsere Bitten reagiert, wir dürfen vertrauen, dass unser Gebet nicht wirkungslos bleibt. Schon unser Gebet ist ein aktives Reagieren auf die Krise, es bringt etwas in Bewegung.

Vielleicht nimmt er uns in seine Schule, damit wir lernen, unser Leben neu zu überdenken und neu zu gestalten.

Ganz gleich, wie Gott auf unsere Bitten reagiert, wir dürfen vertrauen, dass unser Gebet nicht wirkungslos bleibt. Schon unser Gebet ist ein aktives Reagieren auf die Krise, es bringt etwas in Bewegung. Zumindest bringt es unser Denken in Bewegung. Und es schafft um uns herum eine andere Atmosphäre. Die heutige Physik spricht von einer Art Feld, das durch das Denken erzeugt wird. Durch das Beten wird das Feld des Denkens, das uns im Tiefsten alle miteinander verbindet, verändert. Es eröffnet neue Möglichkeiten des Denkens, nicht nur in uns, sondern auch in den Menschen, für die wir beten. Aber all diese physikalischen und psychologischen Deutungsversuche können das Wirken des Gebetes nicht angemessen zum Ausdruck bringen. Wir dürfen einfach darauf vertrauen, dass Gott unser Gebet erhört, zwar oft anders, als wir uns das wünschen, aber auf jeden Fall so, dass es letztlich für uns gut wird.

Im Beten bekomme ich neue Hoffnung für mich selbst und für die Menschen, um die ich mich sorge.

Kraft
der Verwandlung

Im Beten komme ich in Berührung mit der inneren Quelle des Heiligen Geistes. Aus ihr kann ich Kraft schöpfen, um dann anders auf die Krise zu reagieren. Beten – so wie es die frühen Mönche verstanden – ist weniger Bitte, dass Gott eingreift, sondern vielmehr ein Weg in den inneren Raum der Stille. Dort wohnt Gott in uns und dort sprudelt die Quelle des Heiligen Geistes. In diesem inneren Raum der Stille finde ich Ruhe und Frieden. Ich komme mit mir selbst in Berührung. Und wenn ich in der Stille mein wahres Selbst spüre, das nicht von der Beurteilung der Menschen, von meiner Stärke oder Schwäche oder von meiner Gesundheit oder Krankheit abhängig ist, dann verlieren die äußeren Dinge an Macht über mich. Im Beten bekomme ich neue Hoffnung für mich selbst und für die Menschen, um die ich mich sorge.

Das Gebet würde auch der Mutter der dreizehnjährigen Tochter helfen, die sich weigert, in die Schule zu gehen. Das Gebet löst ihre Probleme nicht. Aber das Gebet gibt ihr neue Hoffnung für die Tochter. Wenn sie im Gebet ihre Tochter segnet, dann wird sie ihr anders begegnen können. Sie wird in ihr nicht nur die schwierige Tochter sehen, die ihre Mutter in Ohnmacht stürzt, sondern auch die gesegnete Tochter, die unter dem Schutz Gottes steht. Und wenn sie Hoffnung für sie hat und an den Segen glaubt, der sie begleitet, dann kann sie anders mit ihr umgehen. Dann kann auch in der Tochter Hoffnung wachsen.

Die Menschen, die Gott bitten, ihr Problem möglichst schnell zu lösen, verweigern den Schritt in den Seelengrund. Und sie verpassen die Gottesgeburt in ihrem Herzen, die sie zu neuen Menschen macht.

Das Gebet ist kein schneller Trick, der die Krise löst, in die die Tochter die ganze Familie gebracht hat. Aber es verwandelt die Situation und schenkt der Mutter wieder Zuversicht. Sie kann jetzt wieder daran glauben, dass die Tochter mit ihrer eigenen Kraft und ihrem Vertrauen wieder in Berührung kommt und aus dem Teufelskreis der Angst herauskommt.

In der Krise der Lebensmitte möchten viele möglichst schnell wieder die alte Sicherheit und den früheren Zustand erreichen. Sie bitten Gott, dass er sie aus der Krise befreie. Doch der Mystiker Johannes Tauler warnt vor so einem Gebet, denn dann würden wir durch die Krise nicht weiterkommen, sondern in den früheren Zustand zurückkehren. Wir sollten unsere Krise durchaus im Gebet vor Gott halten. Aber wir sollten Gott fragen, was er durch die Krise an uns wirken möchte.

Und für Johannes Tauler ist das Ziel der Krise in der Lebensmitte, dass Gott uns von der Anhänglichkeit an äußere Sicherheiten befreit und uns in den Seelengrund führt, in dem Gott selbst in uns geboren werden möchte. Wenn Gott in uns geboren wird, dann kommen wir in Berührung mit dem ursprünglichen und unverfälschten Bild, das Gott sich von uns gemacht hat. Dann lösen sich die Bilder auf, die wir uns selbst übergestülpt haben. Die Menschen, die Gott bitten, ihr Problem möglichst schnell zu lösen, verweigern den Schritt in den Seelengrund. Und sie verpassen die Gottesgeburt in ihrem Herzen, die sie zu neuen Menschen macht.

117

Herr, zur Frage bist du mir geworden ...

Warum lässt du uns so »hängen«, Christus?

Siehst du uns nicht mehr? Spürst du nicht unsere

Einsamkeit? Lässt du uns allein?

Sind wir dir zur Frage geworden?

Sind wir auch für dich ein Fremdkörper geworden,

so wie wir es in der Kirche und für die Menschen

um uns herum geworden sind,

die uns als »gescheitert« betrachten?

Was uns bleibt, Christus, ist die Wunde.

Willst du sie nicht berühren?

Tag für Tag öffnet sie sich neu, blutet, weil wir fürchten,

dass wir durch unseren Schritt dir die Treue brachen,

dir nicht mehr so nah sind, unsere Liebe zerrissen ist.

Reiß mit deiner Sehnsucht die Mauern unserer Angst nieder,

mit deinem JA, weck uns zu neuem Leben.

Du weißt alles, Herr, du weißt, dass wir dich lieben, dass wir

dir nahe sein wollen, Herz an Herz – mitten in der Welt.

Die Wunde bleibt, wir ahnen es,

aber verkläre sie im Schatten des Kreuzes,

in der Nacht unserer Zweifel,

in unserem Schrei nach dem Warum,

im Kampf um eine neue Existenz,

in der Trauer unseres Abschieds

von unserer Gemeinschaft, von unseren Idealen,

unserem bisherigen Weg,

im Schmerz unserer Verletzungen.

Unsere Wunde verkläre im Licht deiner Auferstehung,

in der Sehnsucht unseres Herzens,

in der Hoffnung, dass unser Scheitern in deinem Scheitern

niemals umsonst war,

in der Gewissheit, dass dein Herz größer ist

und du, die Wahrheit,

auch unsere Wahrheit kennst.

Gebet im Leid

Allmächtiger und barmherziger Gott, ich verstehe einfach
nicht, warum du mir dieses Leid zugemutet hast.
Ich habe doch immer versucht, deine Gebote zu befolgen, zu
beten und aus dem Geist Jesu Christi zu leben. Warum hast
du dieses Leid nicht von mir abgewendet?

Du bist doch allmächtig. Also kannst du meine Krankheit
heilen. Und du hättest meinen Freund nicht sterben
lassen müssen.

Wenn du barmherzig bist, warum hast du mich dann nicht vor all diesen unermesslichen Schmerzen bewahrt?

Ich spüre in mir die Versuchung, mich dir gegenüber zu verschließen. Es hat ja doch alles keinen Zweck. Es hilft nicht, wenn ich zu dir bete. Es geschieht ja doch, wie es offensichtlich geschehen muss.

Aber ich will trotzdem nicht von dir lassen. Meine Geschichte mit dir ist mir zu wichtig, als dass ich einfach die Flinte ins Korn werfe und von dir ablasse. Ich halte es mit den frommen Juden, die dich anklagen, aber sich vom Leid nicht abbringen lassen, zu dir zu schreien.

Lass deinen heilenden Geist in meine Wunden strömen

Barmherziger Gott, ich verzichte darauf,

die Ursachen meiner Krankheit zu erforschen.

Ich weiß nicht, warum sie mich getroffen hat.

Aber ich bitte dich, mir in meiner Krankheit beizustehen.

Heile du meine Wunden. Lass deinen heilenden Geist,

deine heilende Liebe in meine Wunden strömen,

damit sie sich schließen.

Stärke mich in meiner Krankheit, dass ich sie tragen kann,

dass ich von ihr aufgebrochen werde für mein wahres Selbst.

Ich lasse in meiner Krankheit nicht von dir los.

Ich spüre Rebellion gegen dich.

Aber ich halte trotzdem an dir fest.

Ich möchte wissen, wer du bist.

Du zeigst dich in meiner Krankheit anders als bisher.

Aber ich vertraue darauf, dass du mich nicht verlässt

und dass du mir neu aufgehst in meiner Krankheit

als der unbegreifliche und doch in seiner Unbegreiflichkeit

als der mich liebende und mir gnädige Gott.

Gebet um Trost in meiner Trauer

Barmherziger und guter Gott.

Ich brauche Trost in meiner Trauer.

Ich bin traurig, weil ich diesen lieben Menschen

verloren habe.

Ich bin traurig, dass heute so vieles bei meiner Arbeit

und in meinem Leben schiefgelaufen ist.

Ich bin traurig, dass die Beziehung, in der ich lebe,

momentan so schwierig ist und ich mich so verletzt fühle.

Stehe du mir bei.

Ich brauche keine Worte, die mich vertrösten.

Ich brauche einen, der mir zum Trost wird,

der zu mir steht und mein Weinen

und meine Verzweiflung aushält.

Sende mir solche Menschen als Trost

in meine Trostlosigkeit.

Sei du selbst mir Trost.

Ich vertraue darauf, dass du mich aushältst

und dass du bei mir bleibst, auch wenn ich

am liebsten vor mir davonlaufen möchte.

Gib du mir mit deinem Trost wieder Festigkeit,

dass ich Boden unter den Füßen spüre

und wieder zu mir stehen kann.

Bei Einsamkeit

Guter Gott, ich fühle mich einsam, alleingelassen.

Keiner kümmert sich um mich.

Die anderen gehen heute Nachmittag spazieren.

Um mich kümmert sich niemand.

Niemand hat mich eingeladen.

Die anderen haben mich übersehen.

Ich bin allein, einsam.

Verwandle du meine Einsamkeit,

dass ich mit mir selbst eins werde

und im Einswerden mit mir

mich getragen fühle von dir.

Verwandle mein Alleinsein, dass es

(wie Peter Schellenbaum es ausdrückt)

zum All-Einssein wird.

Dann werde ich in meinem Alleinsein erfahren,

dass ich mit allem eins bin, mit allen Menschen,

mit aller Welt, mit dem Sein und letztlich mit Gott.

Dann löst sich meine Einsamkeit auf in die Erfahrung

von Einssein und Getragensein.

Ich will nicht vor meiner Einsamkeit davonlaufen,

sonst wird sie mich immer wieder einholen.

Ich halte sie dir hin, damit du sie verwandelst

und mich in die Einheit führst – mit mir selbst,

mit den Menschen, mit der Welt und mit dir,

mein Gott, der mich trägt.

Du solltest nicht so sehr das Ziel verfolgen, sofort Erhörung für deine Bitten zu finden, und dich auch nicht so hartnäckig dabei verhalten. Der Herr möchte dir vielleicht ein noch größeres Geschenk machen als das, worum du gebeten hast, und möchte damit deine Ausdauer belohnen. Gibt es denn etwas, das besser ist als ein inniger Umgang mit Gott und höher, als ganz in seiner Gegenwart zu leben? Ein Gebet, das durch nichts mehr abgelenkt wird, ist das Höchste, das der Mensch zuwege bringt.

Evagrius Ponticus

Ziel allen Betens
Wenn Bitten unerfüllt bleiben

Viele geben das Beten auf, wenn ihre Bitten nicht erhört worden sind. Sie haben das Gefühl, alles Beten sei umsonst gewesen. Sie sind trotzdem krank geworden. Die lieben Menschen, für deren Genesung sie so intensiv gebetet haben, sind trotzdem gestorben. Und Gott hat mir meine Angst nicht genommen, obwohl ich ihn so sehr darum gebeten habe. Für manche besteht das Beten vor allem im Bitten. Und sie messen den Nutzen ihres Betens vor allem an der Erhörung ihrer Bitten.

Evagrius gibt uns einen anderen Weg an. Wenn Gott uns nicht sofort erhört, dann deshalb, weil er uns ein größeres Geschenk machen möchte als das, worum wir gebetet haben. Vielleicht waren wir in unserem Bitten allzu sehr fixiert auf unsere Wünsche. Und wir meinten, unsere Wünsche müssten unbedingt erfüllt werden. Sonst könnten wir nicht weiterleben. Wir dürfen und sollen unsere Wünsche vor Gott ausbreiten. Aber dann muss am Ende jeder Bitte stehen: »Dein Wille geschehe.« Ich ringe im Gebet um die Gesundung meines Freundes. Aber wenn er trotzdem stirbt, war das Beten dennoch nicht umsonst. Ich habe meine Ohnmacht vor Gott getragen. Und ich versuche, das Geheimnis seines Willens zu erforschen und mich in Gott hinein zu ergeben.

Das Ziel allen Betens ist für Evagrius ein inniger Umgang mit Gott, das Leben in seiner Gegenwart, das Einswerden mit Gott in einem Gebet, das durch nichts mehr abgelenkt wird. Darin besteht für Evagrius die Würde des Menschen, dass er im Gebet mit Gott eins werden darf, dass er eine persönliche intime Beziehung zu Gott erfahren darf, dass er immer und überall von seiner liebenden und heilenden Gegenwart eingehüllt ist.

Das Bitten, das nicht den gewünschten Erfolg gebracht hat, hat unser Herz in Gott hineingehoben. Und so ist eine Beziehung gewachsen, die mehr wert ist als die Erfüllung unserer Bitten.

Das Bitten, das nicht den gewünschten Erfolg gebracht hat, hat unser Herz in Gott hineingehoben. Und so ist eine Beziehung gewachsen, die mehr wert ist als die Erfüllung unserer Bitten. Durch das Gebet haben wir erst unsere wahre Würde entdeckt, dass wir am Göttlichen Anteil gewinnen und in der Ekstase der Liebe mit Gott eins werden dürfen.

Beten in dunklen Stunden

Der Mensch, der Kränkungen und Verstimmungen nicht vergessen kann und trotzdem zu beten versucht, gleicht einem Menschen, der aus einer Quelle Wasser schöpft und es in ein Fass voller Löcher gießt.

Evagrius Ponticus

Mein Verletztsein
loslassen

H ier hat Evagrius eine andere Situation vor Augen. Ein Bruder oder eine Schwester hat uns gekränkt. Oder wir haben uns über sie geärgert. Auch dann werden wir erst zu beten vermögen, wenn wir die Kränkungen und Verstimmungen vergessen. Die Frage ist, wie das gehen soll.

Das Gefühl des Ärgers und des Verletztseins wird in uns einfach auftauchen, sobald wir zu beten beginnen. Es zu verdrängen wird nicht helfen. Denn das Verdrängte wird gerade zur Zeit des Gebetes wieder auftauchen. Wir sollen nicht verdrängen, sondern die Gefühle anschauen und Gott hinhalten. Ich sage Gott, dass der oder jener mich sehr gekränkt hat, dass es mir sehr weh tut und dass ich davon nicht loskomme. Ich mache dem anderen keine Vorwürfe. Ich beschuldige auch mich nicht, weil ich es nicht vergessen kann. Aber indem ich die Kränkung Gott hinhalte, bekomme ich Abstand dazu. Und dann kann ich sie lassen. Ich muss sie nicht aufarbeiten. Ich schaue sie an und übergebe sie Gott. Das befreit mich von ihr.

Evagrius vergleicht den, der ständig um seine Verletzungen kreist und sich dabei im Selbstmitleid badet, mit einem, der aus einer Quelle Wasser schöpft und es in ein Fass voller Löcher gießt. Das Gebet ist die Quelle, aus der wir schöpfen können, um zu trinken oder um den Acker unserer Seele zu bewässern. Wenn wir aber das Wasser in ein Fass voller Löcher gießen, dann wird es nutzlos zerrinnen. Das Gebet wird keine Wirkung zeigen. Damit das Wasser des Gebetes den Acker meiner Seele tränken und befruchten kann, muss ich die Kränkungen und Verstimmungen in Gott hinein loslassen. Dann hören sie auf, meine Seele zu zerfressen.

Damit das Wasser des Gebetes den Acker meiner Seele tränken und befruchten kann, muss ich die Kränkungen und Verstimmungen in Gott hinein loslassen. Dann hören sie auf, meine Seele zu zerfressen.

Gebet im Ärger

Guter Vater, ich habe mich maßlos geärgert über den
Arbeitskollegen, der seine Arbeit schlampig gemacht und
mir damit Probleme bereitet hat. Und ich habe mich
geärgert über seine Art und Weise, wie er sich da
herausgeredet und mir die Schuld an dem Fehler
zugeschoben hat.

Ich werde den Ärger nicht los. So halte ich dir meinen Ärger
hin und bitte dich: Lass deine Liebe und dein Erbarmen in
diesen Ärger hineinfließen, damit er sich auflöst, damit ich
frei werde von den inneren Selbstgesprächen.

Erfülle mein Herz mit deiner Liebe, damit ich wieder zur Ruhe komme. Ich will dem Ärger nicht so viel Macht über mich geben. Ich spüre, dass er mir nicht guttut. Ich lasse mich dann vom anderen bestimmen. Ich möchte aber, dass dein Geist mich erfüllt und meine Gefühle bestimmt. Das ist besser für mich. Dann kann ich wieder aufatmen und mich frei fühlen.

So bitte ich dich: Verwandle meinen Ärger in Klarheit und Frieden, aber auch in Kraft, den anderen aus mir herauszuwerfen, damit ich mich wieder ganz dir und den Menschen zuwenden kann, denen ich daheim in der Familie begegnen werde.

All unser Gebet führt uns immer wieder auch an die Vaterunserbitte heran: »Dein Wille geschehe, wie im Himmel so auf Erden.«

Krankheit
und Gebet

Ich kenne Menschen, die in ihrer Krankheit nicht mehr beten konnten. Zu schrecklich war für sie die Nachricht, dass sie unheilbar krank sind. In ihnen war nur noch Aufruhr und kein Gebet. Für sie galt nicht, dass Not beten lehrt. Sie sind in ihrer Not verstummt. Wenn du in deiner Krankheit betest, so wirst du wohl in erster Linie darum bitten, gesund zu werden, die Krankheit gut zu überstehen. Du möchtest gerne weiterleben. Und du möchtest deine Angehörigen und Freunde nicht in Trauer stürzen. Dein Wunsch, gesund zu werden, ist berechtigt, selbst wenn dir die Ärzte vielleicht wenig Hoffnung machen. Gib dich nicht auf! Kämpfe um dein Leben! Schreie zu Gott, dass du noch gerne weiterleben möchtest, dass die Menschen dich brauchen. Bitte Gott, dass Er das Unmögliche möglich macht, dass Er die Krankheit wendet und dich gesund wieder aufstehen lässt.

All unser Gebet führt uns immer wieder auch an die Vaterunserbitte heran: »Dein Wille geschehe, wie im Himmel so auf Erden.« Wenn du darum bittest, dass Gottes Wille an dir geschehe, so soll das keine Resignation sein, keine Selbstaufgabe. Vielmehr soll darin das Vertrauen zum Ausdruck kommen, dass Gott alles zum Besten führt. Ich weiß, wie schwer es vielen Menschen fällt, zu beten: »Dein Wille geschehe.« Eine Frau, die Krebs hatte, konnte es jahrelang nicht beten. Doch nun, da sie den Krebs schon lange überwunden hat, betet sie diese Worte mit einem neuen Vertrauen.

Vielleicht wendest du ein: Wenn ich gesund werde, kann ich diese Vaterunserbitte auch gut beten. Aber wenn ich diese Krankheit nicht überwinde, was ist dann? Du sollst dich nicht dazu zwingen, diese Worte zu beten. Es genügt schon, wenn in dir eine Ahnung davon ist, dass dein Selbst auch durch die Krankheit nicht zerstört werden kann, dass es den Tod überdauert.

Mich hat immer das Gebet fasziniert, das drei Lübecker Kapläne vor ihrer Hinrichtung im Dritten Reich gebetet haben. Ich habe es oft meditiert und gebetet, die Hände zur Schale geöffnet, bis ich es innerlich nachvollziehen konnte:

Herr, hier sind meine Hände.
Lege hinein, was du willst.
Nimm hinweg, was du willst.
Führe mich, wohin du willst.
In allem geschehe dein Wille.

Welche Freiheit spricht aus diesen Worten und welches Vertrauen! Ich wünsche dir das Vertrauen dieser jungen Männer, die sich auch von den Nazischergen keine Angst vor dem Tod einjagen ließen, die erhobenen Hauptes durch das Tor des Todes geschritten sind, im Vertrauen, dass Gott sie auch dort noch führt, wo sie selbst nichts mehr tun können.

Fragen
an das Beten

Natürlich dürfen wir um Heilung beten und sollen darauf vertrauen, dass das Gebet heilende Kraft hat. Aber zugleich will mich das Gebet in eine ehrliche Auseinandersetzung mit mir selbst und mit Gott führen. Es will mein Selbstbild infrage stellen und mein Gottesbild.

Mit dem Beten kommt man nie zu Ende. So habe ich [...] weiter nachgedacht über das, was ich täglich praktiziere. Und in Vorträgen über das Beten sind Fragen an mich herangetragen worden, die mich nachdenklich gemacht haben. Auf einige dieser Fragen möchte ich versuchen zu antworten.

Da ist einmal die Frage der Fürbitte. Es ist nicht nur die Frage, ob ich für andere beten darf oder nicht, sondern auch, ob ich für mich selbst beten darf. Darf ich beten, dass Gott mich gesund macht, dass er mir hilft in meiner Ehekrise oder in meinen beruflichen Schwierigkeiten? Oder soll ich mich einverstanden erklären mit dem Willen Gottes und akzeptieren, was er mir an Problemen schickt?

Ich darf mit allen meinen Wünschen zu Gott kommen. Ich darf auch unvernünftige Wünsche äußern. Ich darf meine Not schildern und meine Sehnsucht, dass er mich aus der Not herausreißt. Aber die Fürbitte darf nicht dazu führen, dass ich

Gott dazu benutze, mir möglichst schnell zu helfen. Auch die Fürbitte muss zu einer Begegnung mit Gott werden und mit mir selbst. Das heißt für mich, dass ich Gott nicht einfach die Lösung des Problems zuschiebe, sondern dass ich mit Gott mein Problem bespreche. Wenn ich mein Problem Gott offen hinhalte, dann werde ich auch erkennen, wo ich selbst Schritte tun muss. Wenn ich in einer Ehekrise stecke, darf ich Gott nicht einfach die Verantwortung für die Krise übertragen. Ich muss auch selbst fragen, was ich ändern muss, warum ich in diese Krise geraten bin, was den anderen an mir stört und wo ich an mir arbeiten muss. Die Fürbitte ersetzt nicht die ehrliche Selbstbegegnung, sondern stößt sie an. Wenn ich meine Situation ehrlich anschaue, dann darf ich meine Ohnmacht Gott hinhalten und ihn bitten, dass er etwas in Bewegung bringt, bei mir selbst oder bei anderen Menschen. Wenn ich krank bin, darf ich Gott darum bitten, mich zu heilen. Aber am Ende der Bitte muss immer die Bereitschaft stehen: Dein Wille geschehe.

Um meine Heilung zu bitten heißt für mich auch, dass ich mit Gott ringe, was diese Krankheit denn bedeuten soll, warum sie über mich gekommen ist, und wozu sie gut sein kann. Bei einem Vortrag meinte ich einmal, dass manche Gott zu leicht dazu benutzen, ihre Probleme und Krankheiten von ihnen zu nehmen. Eine Frau kam wütend auf mich zu und sagte, sie sei tief enttäuscht. Denn schließlich sei es doch richtig, dass alle ihre Verwandten um Heilung gebetet hätten. Das hätte ihr geholfen. Natürlich dürfen wir um Heilung beten und sollen darauf vertrauen, dass das Gebet heilende Kraft hat. Aber zugleich will mich das Gebet in eine ehrliche Auseinandersetzung mit mir selbst und mit Gott führen. Es will mein Selbstbild infrage stellen und mein Gottesbild. Und nur wenn ich mich infrage stellen lasse, darf ich – wie die Frau im Gleichnis vom ungerechten Richter (Lk 18,1-8) – hartnäckig Gott meine Bitten vortragen, dass er mir doch Recht verschaffe, dass er mir ein Leben ermöglicht, das diesen Namen verdient.

Eine andere Frage ist die Frage nach der Beziehung zwischen dem Gebet als Begegnung mit Gott und dem Gebet als Einswerden mit Gott. Einswerden ist mehr als Begegnung. Jede tiefe Begegnung lässt mich die Einheit mit dem anderen spüren. Es wird in mir etwas angesprochen, angerührt, in Schwingung versetzt, was mich mit dem anderen verbindet.

Aber beim Einswerden geht es noch um etwas anderes. Eine Erfahrung des Gebetes ist, dass ich nicht mehr selbst bete, sondern dass mein Gebet im Schweigen mündet. In diesem Schweigen bin ich nicht mehr vor Gott, sondern ich werde eins mit Gott. In diesem Einswerden ist kein Gegenüber mehr. Ich bin einfach da. Ich bin eins mit mir selbst, mit dem Augenblick, mit dem Atem, mit meinem Leib. Und in dieser Einheit bin ich auch eins mit Gott. Ich habe teil an seinem Sein. Wie Gott darf ich sagen: »Ich bin ich.« Ich bin ganz gegenwärtig. Ich reflektiere nicht darüber nach. Ich vergesse mich selbst. Ich gebe jede Selbstreflexion auf. Es ist immer nur ein Augenblick, in dem so ein Einswerden möglich ist. Aber wenn es da ist, dann steht in uns alles still. Dann sind wir reines Sein. Dann sind wir in Gott und Gott in uns. Dieses Einswerden kann man nicht machen. Es ist immer ein Geschenk Gottes, das uns überraschend trifft. Wir können uns im Beten und Schweigen darauf vorbereiten. Aber herbeizwingen können wir das nicht. Wenn wir diese Einheit erfahren, dann ist es höchstes Glück, dann spüren wir: »Gott allein genügt.«

In diesem Schweigen bin ich nicht mehr vor Gott, sondern ich werde eins mit Gott. In diesem Einswerden ist kein Gegenüber mehr. Ich bin einfach da. Ich bin eins mit mir selbst, mit dem Augenblick, mit dem Atem, mit meinem Leib. Und in dieser Einheit bin ich auch eins mit Gott.

Dann sind wir einverstanden mit uns selbst und mit unserer Lebensgeschichte. Dann ist in uns eine tiefe Zustimmung zur Welt, so wie sie ist. Dann spüren wir in der Tiefe eine Einheit mit allen Menschen. Aber im nächsten Augenblick werden wir wieder entlassen in das Hin und Her unseres Alltags und unserer zerrissenen Seele. Das gehört dann auch zum Gebet, die eigene Zerrissenheit Gott hinzuhalten, damit er sie wieder wandelt in die Erfahrung von Einssein.

mmer wieder werde ich auch gefragt, wie denn das »zu-Ende-Denken« beim Gebet konkret gehen soll. [...] Ich möchte es an drei Beispielen erläutern.

Das eine betrifft die Angst. Manche bitten Gott darum, ihre Angst zu nehmen. Sie setzen sich gar nicht mit dieser Angst auseinander. Je mehr sie Gott darum bitten, sie von ihrer Angst zu befreien, desto mehr sind sie darauf fixiert. Für mich heißt Beten als »zu-Ende-Denken«, dass ich mir die Angst vorstelle und sie mir erlaube. Ja, ich habe Angst vor dem Versagen, Angst, mich vor anderen zu blamie-

Zu Ende
denken

Für mich heißt Beten als »zu-Ende-Denken«, dass ich mir die Angst vorstelle und sie mir erlaube. Ja, ich habe Angst vor dem Versagen, Angst, mich vor anderen zu blamieren. Ich habe Angst vor Krankheit und Sterben. Ich gebe die Angst zu und erlaube mir, mir vorzustellen, wie das wäre, wenn ich mich blamieren würde, krank werden oder durch einen Unfall umkommen würde.

ren. Ich habe Angst vor Krankheit und Sterben. Ich gebe die Angst zu und erlaube mir, mir vorzustellen, wie das wäre, wenn ich mich blamieren würde, krank werden oder durch einen Unfall umkommen würde. Indem ich in das Gefühl der Angst hineingehe und durch das Gefühl durchgehe auf Gott hin, kann sich meine Angst relativieren. Ja, meine Angst kann mich sogar zu Gott führen. Ich habe Angst vor der Krankheit. Aber ich habe keine Garantie, dass mich Gott vor der Krankheit schützt. So gehe ich in der Vorstellung in die Krankheit hinein und lasse mich von ihr zu Gott führen. Gerade die Ohnmacht, die ich gegenüber meiner Angst und gegenüber einer eventuellen Krankheit spüre, kann mich für Gott aufbrechen. Ich kämpfe nicht gegen die

Angst. Das würde dazu führen, dass ich ständig mit ihr beschäftigt bin. Wenn sie auftaucht, lasse ich sie zu, denke sie zu Ende, gehe in sie hinein und durch sie hindurch. Auf diesem Weg werde ich bei Gott ankommen. Mitten in meiner Angst werde ich auf einmal einen tiefen Frieden und Vertrauen spüren. Ich weiß, dass ich auch mit meiner Angst in Gottes guter Hand bin.

Ein anderes Beispiel betrifft meine Bedürfnisse und Wünsche. Manche Menschen beklagen sich, dass sich keiner um sie kümmert, dass sie keinen Partner oder keine Partnerin finden. Und sie bitten Gott darum, dass er für sie dieses Problem lösen möge. Natürlich dürfen wir auch hier Gott um seine Hilfe bitten. Aber wenn wir ihm die Verantwortung für eine mögliche Freundschaft zuschieben, sind wir enttäuscht, wenn unser Wunsch nicht in Erfüllung geht. Ein wichtiger Weg wäre für mich auch da: Ich gebe zu, dass ich mich nach Freundschaft und Partnerschaft sehne. Und dann stelle ich mir vor, wie das wäre, wenn ich eine Freundin, einen Partner hätte. Wären dann alle meine Wünsche erfüllt? Wäre ich dann am Ziel meiner Sehnsucht angelangt? Indem ich den Wunsch zulasse und zu Ende denke, relativiert er sich. Ich erkenne dann, dass ich bei aller Sehnsucht nach Freundschaft auch danach streben muss, in Gott meinen Grund zu finden. Sonst wird meine Sehnsucht jeden Menschen überfordern und ins Leere gehen.

Als letztes Beispiel möchte ich das Ringen um die Überwindung einer Schwäche, eines Fehlers,

einer Sünde anschauen. Ich kenne Menschen, die bitten Gott darum, dass er sie vom Problem der Selbstbefriedigung befreie, dass er sie von ihrem Jähzorn befreie, dass er ihnen ihre Empfindlichkeit nehme. Sie meinen, wenn Gott ihren Wunsch erfüllen würde, wäre alles gut. Ich rate ihnen dann, sie sollten sich vorstellen, sie hätten nie mehr das Problem der Selbstbefriedigung, sie wären immer ausgeglichen und hätten keine empfindliche Stelle mehr. Bin ich dann spiritueller, bin ich dann gottwohlgefälliger, bin ich dann auf der Spur der Lebendigkeit? Oder würde ich stehen bleiben? Geht es mir bei der Erfüllung dieser Wünsche nur um mich und mein Selbstwertgefühl oder geht es mir wirklich um Gott? Hindert mich meine Empfindlichkeit auf dem Weg zu Gott oder treibt sie mich nicht vielmehr in Gott hinein?

Wenn ich meine persönlichen Nöte, meine Schuldgefühle, meine Selbstvorwürfe zu Ende denke, dann relativieren sich die Probleme. Ich spüre dann, dass weder meine Selbstbefriedigung noch meine Empfindlichkeit noch meine Schuld mich von Gott trennen können, ja dass sie mich vielmehr auf Gott verweisen und mich vielleicht auf ihn hin lebendig halten. Dann ahne ich eine innere Freiheit von allem Druck, besser sein zu müssen, als ich bin. Ich bleibe dann nicht stehen, sondern ich öffne mich in der Tiefe für Gott. Ich erfahre den Gott meines Lebens, den Gott, der mich lebendig macht und hält, den Gott, dem meine letzte Sehnsucht gilt.

> **Wenn ich meine persönlichen Nöte, meine Schuldgefühle, meine Selbstvorwürfe zu Ende denke, dann relativieren sich die Probleme. Ich spüre dann, dass weder meine Selbstbefriedigung noch meine Empfindlichkeit noch meine Schuld mich von Gott trennen können, ja dass sie mich vielmehr auf Gott verweisen.**

Wir sind so erzogen, dass wir unsere Tränen möglichst zurückhalten. Das gilt nicht nur für den zwischenmenschlichen Bereich, sondern auch für den religiösen, in dem wir uns aus Angst vor Sentimentalität oder bloßer Gefühlsfrömmigkeit lieber auf die rationale Ebene der Gotteserfahrung zurückziehen.

Tränen
vereinen Leib und Seele

Im Gespräch höre ich oft von Menschen, die nicht weinen können, da sie Angst haben, sich im Weinen völlig zu verlieren und keinen Grund mehr zu haben, auf dem sie stehen können. Daher versuchen sie, die Tränen zurückzuhalten. Sie haben das Bild in sich, dass sie im Tränenstrom untergehen können. Diese Angst ist sicher berechtigt. Sie brauchen einen Menschen, der sie hält, damit sie sich dem abgrundlosen Weinen überlassen können. Andere kennen die unechten Tränen. Sie möchten sie gerne in echte verwandeln. Aber sie wissen nicht, wie das gehen soll. Ich rate dann so einem Menschen: »Nimm deine Tränen wahr. Spüre dich in sie hinein. Bedauerst du dich in den Tränen selbst, weil dir etwas widerfährt, das deinen Vorstellungen vom Leben widerspricht? Kreist du um dich und um dein kleines Ich? Oder ahnst du in den Tränen, dass du dich mit all deinen Bildern von dir selbst und von deinem Leben loslassen und dich in Gott hinein ergeben solltest? Versuche, deinen Tränen zu folgen und mit dem Tränenstrom den Panzer deines Ichs zerfließen zu lassen. Stell dir vor, wie die Tränen immer mehr dein Ego aufweichen, damit du zu deinem wahren Grund kommst, zu deinem Selbst, in dem Gott in dir wohnt.«

Wenn wir die uns manchmal fremd anmutenden Gedanken der alten Mönche über das Weinen nach ihrer eigentlichen Bedeutung befragen, so ergeben sich einige Korrekturen für unser Beten. Wir sind so erzogen, dass wir unsere Tränen möglichst zurückhalten. Das gilt nicht nur für den zwischenmenschlichen Bereich, sondern auch für den religiösen, in dem wir uns aus Angst vor Sentimentalität oder bloßer Gefühlsfrömmigkeit lieber auf die rationale Ebene der Gotteserfahrung zurückziehen. Die Zerknirschung des Herzens, das Weinen über die eigenen Sünden sind Ausdruck dafür, dass ich meine Gefühle zulasse, dass ich die Einsicht, dass ich Sünder bin, wirklich ins Herz hineinlasse. Im Kopf kann ich mich immer noch gegenüber Gott abschirmen und mich hinter den Gedanken über ihn verstecken. Im Weinen brechen alle Abwehrversuche zusammen, meine Masken fallen, ich stehe vor Gott da, wie ich bin und stelle mich meiner eigenen Nacktheit.

Indem ich im Weinen meine Gefühle zulasse, werde ich fähig, mich selbst, die Menschen und Gott besser zu verstehen: »Echtes Verstehen gelingt nur dem, der zu fühlen vermag. Wer nichts fühlt, versteht weder die anderen noch sich selbst« (H. Fischle-Carl, Fühlen was Leben ist. Die Bedeutung der Gefühlsfunktion. Stuttgart 1977, 18). Die Gefühle, die im Weinen aufbrechen, sind allerdings zu unterscheiden von den heftigen Emotionen, die nach der Lehre Cassians Zeichen dafür sind, dass die Wurzeln der Laster noch in mir sind. Plessner sieht den Unterschied zwischen echten und unechten Gefühlen darin, dass die echten von einer mir fremden Sache oder Person hervorgerufen werden, also durch die Begegnung mit einem anderen, mit einem Du, mit Gott. »Im unechten Gefühl fehlt das Angesprochensein in der Sachbindung, und nur die Durchstimmtheit füllt den Menschen aus« (H. Plessner, Lachen und Weinen. Bern 1950, 172). Im unechten Gefühl, in den Emotionen, die von uns Besitz ergreifen, kreisen wir nur um uns selbst, wir genießen uns selbst oder lassen uns resignierend durchstimmen werden von Traurigkeit, Gereiztheit, Zorn. In den Emotionen meldet sich immer das eigene Ich, das nicht in Ordnung ist, das sich selbst zu wichtig nimmt. Emotionen bringen den Menschen innerlich durcheinander. Das Weinen, das die Gefühle zulässt, führt mich dagegen zu innerer Ruhe und Frieden.

Im Weinen kommen all meine unruhigen und mich verwirrenden Gedanken zur Ruhe. Denn weinend bin ich nicht im Kopf, in dem ich nie Ruhe finden würde, sondern im Herzen, das in den Tränen seinen inneren Frieden findet, weil es sich äußern darf.

Im Weinen kommen all meine unruhigen und mich verwirrenden Gedanken zur Ruhe. Denn weinend bin ich nicht im Kopf, in dem ich nie Ruhe finden würde, sondern im Herzen, das in den Tränen seinen inneren Frieden findet, weil es sich äußern darf. So wird die Erfahrung verständlich, dass man nach dem Weinen eine intensivere Stille spürt als nach Meditationsformen, die bewusst auf das Schweigen abzielen. Die Stille nach dem Weinen ist eine lebendige, von Liebe erfüllte Stille.

Die Tränen werden auf einmal befreiende, erlösende, selige Tränen. Der Schmerz schlägt um in Freude. Der Mensch erfährt in seinem Innersten ein Heilsein, das auch durch den Schmerz nicht mehr bedroht werden kann, eine Freude, an die Enttäuschungen und Misserfolge nicht zu rühren vermögen. Es ist das Heil Gottes, das alles menschliche Unheil besiegt.

Sprache
des Weinens

Das Äußern der Gefühle im Weinen hat eine kathartische und erneuernde Wirkung. Wenn der Mensch seine Gefühle nicht mehr genügend zum Ausdruck bringen kann, wird er krank. Denn die Gefühle, die unterdrückt werden, sind noch lange nicht abgestorben. Sie äußern sich dann in neurotischen Störungen oder in allerlei Süchten. Im Weinen darf mit den Gefühlen auch das Unbewusste nach außen treten. Die Mönche sagen, das Weinen verbinde den äußeren und inneren Menschen, den im Bewusstsein lebenden mit seinem Unbewussten. Das Weinen ist eine Sprache, in der sich das Unbewusste äußern kann. Worte versagen oft, das Unbewusste auszudrücken. Im Weinen tritt das Unbewusste ins Bewusstsein und kann so seine heilende Wirkung entfalten. Da die störenden Gedanken meist aus dem Unbewussten stammen und nie zu fassen sind, wenn der Mensch sein Unbewusstes verdrängt, wird auch von der Psychologie her verständlich, warum das Weinen uns innerlich tiefer und bleibender in die Stille führt als bloße Entspannungstechniken.

Im Weinen lässt der Mensch Schmerz und Leid an sich heran, in sich hinein. Heute versucht man mit allen Mitteln, Unlust und Leid zu meiden. Man schirmt sich dagegen ab. Es wird als Bedrohung für das innere Gleichgewicht empfunden. Doch das führt »unweigerlich in die Gefühlsverflachung und Lebensverarmung« (Fischle-Carl, a.a.O., 25). Der Mensch, der unfähig ist zu leiden, wird auch unfähig, sich zu freuen. »Wo nichts mehr erlitten wird, gibt es auch kein großes Glück. Langeweile und Leere sind die Folge, Surrogatsuche ist der nächste Schritt« (ebd.). Wer dem Schmerz aus dem Weg geht, wird auch unfähig zu lieben. Denn lieben kann nur, wer sich verwunden lässt. Im Weinen öffnet sich der Mensch dem Schmerz, nicht um ihn zu genießen, sondern um sich von ihm treffen zu lassen, um ihn in sich hineinzunehmen und zu verarbeiten.

Die Psychologie spricht von Trauerarbeit und bedauert, dass die Menschen immer unfähiger werden zu trauern. Im Trauern wird der Schmerz verarbeitet, integriert, aufgelöst und so geheilt. Jede therapeutische Behandlung kennt das Stadium des Weinens. Eine Analyse hilft dem Patienten nicht, wenn sie ihm nur die Ursachen für seine Neurose bloßlegt. Das reine Wissen kann der Patient wieder als Abwehr benutzen, sich dem eigentlichen Problem stellen zu müssen. Eine Einsicht, die

> **Wer dem Schmerz aus dem Weg geht, wird auch unfähig zu lieben. Denn lieben kann nur, wer sich verwunden lässt. Im Weinen öffnet sich der Mensch [...]**

ich habe, nützt mir nichts. Erst wenn sie über mich hereinbricht, kann sie mich heilen. Ohne emotionale Beteiligung ist keine Änderung des menschlichen Verhaltens möglich. Erst wenn der verdrängte Schmerz ins Herz darf, kann der Mensch auf die Ersatzschmerzen verzichten, die er sich zulegt, um sich vor dem eigentlichen Schmerz zu schützen. Jung sagt: »Die Neurose ist stets der Ersatz für legitimes Leiden.« Wenn der Mensch dem ihm zugemuteten Leiden aus dem Weg geht, flüchtet er sich in die Krankheit. Die Heilung kann erst beginnen, wenn er den verdrängten Schmerz, das abgelehnte Leiden zulässt.

Dieses Zulassen ist zumeist mit heftigem Weinen verbunden. Weinen entlastet den Menschen von den angestauten Gefühlen, die nach außen drängen. Tränen lindern den Schmerz. Man weint sich frei von seinen Schmerzen. Weinen wird zur einzigen Möglichkeit, einen Schmerz, der einen zu überwältigen und zu überfordern scheint, auszuhalten und auf ihn zu antworten. Der Mensch weiß keine andere Antwort mehr, weder in Worten noch in Gebärden, als sich dem Weinen zu überlassen, sich weinend loszulassen und so den Schmerz zuzulassen und ihn zugleich aufzulösen, abzuleiten. Weinen erleichtert, lindert, heilt. Die Tränen werden auf einmal befreiende, erlösende, selige Tränen. Der Schmerz schlägt um in Freude. Der Mensch erfährt in seinem Innersten ein Heilsein, das auch durch den Schmerz nicht mehr bedroht werden kann, eine Freude, an die Enttäuschungen und Misserfolge nicht zu rühren vermögen. Es ist das Heil Gottes, das alles menschliche Unheil besiegt.

Gebet in Traurigkeit

Guter Gott, heute greift

die Traurigkeit nach meinem Herzen.

Auch der Gedanke an dich kann diese Traurigkeit nicht

vertreiben. Sie steigt aus der Tiefe auf und lähmt mich.

Ich halte dir meine Traurigkeit hin. Lass mich erkennen,

was mich so traurig macht. Sind es übertriebene Wünsche

an mein Leben? Sind es die Enttäuschungen,

die mir das Leben bereitet hat?

Ich halte dir mein trauriges Herz hin und bitte dich:

Lass dein Licht und deine Liebe in meine Traurigkeit hineinströmen. Dann fühle ich mich mit meiner Traurigkeit von dir geliebt und mit dir verbunden. Ja, meine Traurigkeit verweist mich dann auf dich und deine Liebe. So entsteht ein tiefer Friede in mir.

Manchmal durfte ich diese wunderbare Erfahrung machen, dass meine Traurigkeit mich in den Grund meiner Seele geführt hat, in dem ich dich gefunden habe als das Licht, das meine Finsternis erleuchtet, und als die Liebe, die mich durchdringt, und als die Freude, die meine Traurigkeit verwandelt.

So bitte ich dich auch heute, dass dein Licht, deine Liebe und deine Freude durch alle traurigen Gefühle hindurchdringen, damit ich mich mit meiner Traurigkeit in dir geborgen und von dir geliebt fühle.

Gebet um Vertrauen

Barmherziger Gott, ich sehne mich danach, vertrauensvoll
durch das Leben zu gehen. Aber ich spüre oft
Misstrauen und Angst.
Ich möchte dir vertrauen. Und doch habe ich manchmal
Zweifel, ob ich dir trauen kann. Ich frage mich dann, ob ich
mir damit etwas vormache. Verwandle du meine Zweifel in
ein Vertrauen, das deinen Worten traut, das deiner heilenden
und liebenden Gegenwart traut.
Schenke mir dieses Vertrauen auch, wenn ich vor schwieri-
gen Situationen stehe und nicht weiß, wie es weitergehen
soll. Lass mich vertrauen, dass du mich in deinen guten
Händen trägst, dass du deine schützende Hand über mich
hältst und dass du mir den rechten Weg zeigst,
auf dem ich weitergehen soll.
Schenke mir auch Vertrauen in mich selbst. Ich zweifle oft an
mir, habe Angst, was die anderen von mir denken könnten,
ob ich mich vor ihnen blamiere. Ich möchte gerne ein so

starkes Selbstvertrauen haben, dass es mir nichts mehr ausmacht, was die anderen über mich reden. Aber ich möchte mich auch nicht über die anderen stellen.

Ich möchte einfach voller Vertrauen der sein dürfen, der ich bin, frei von dem Druck, mich vor anderen beweisen zu müssen. Und ich möchte nicht ständig um mich kreisen, sondern mich einfach dem Leben zuwenden und den Menschen, die du mir zur Seite gestellt hast.

Schenke mir auch Vertrauen zu den Menschen – auch zu denen, die mein Vertrauen missbraucht haben. Lass mich trotz allem an den guten Kern in ihnen glauben. – Gib mir ein Vertrauen, das den aufrichtet, der nicht vertrauen kann, das einen Raum um ihn schafft, in dem er sich angenommen weiß und in dem das aufblüht, was in ihm steckt.

Du selbst hast Vertrauen in mich und in die Menschen, mit denen ich lebe. Ich möchte von dir lernen, eine Atmosphäre des Vertrauens zu verbreiten, in der Menschen sich füreinander öffnen und in der sie sich dir anvertrauen und sich von dir getragen wissen.

Gebet um Gelassenheit

Guter Gott, ich lasse mich so leicht aus dem Gleichgewicht bringen.

Ich rege mich auf, wenn mein Nachbar komisch hustet.

Ich kann Dinge nicht loslassen, die schiefgelaufen sind.

Immer wieder ereifere ich mich, dass das doch so nicht sein darf.

Ich mache mir und anderen Vorwürfe.

Schenke mir den Geist der Gelassenheit,

damit ich die vergangenen Dinge einfach lassen kann.

Befähige mich, alte Verletzungen loszulassen

und sie nicht immer als Vorwand zu benutzen,

nicht selbst aufzustehen und zu leben.

Manchmal fühle ich mich gedrängt,

in andere Menschen einzudringen und sie zu belehren,

dass sie doch einsehen, was mir klar ist.

Gib mir die Gabe der Gelassenheit,

dass ich die Menschen lassen kann, wie sie sind,

dass ich eine Situation stehen lassen kann,

ohne mich ständig darüber aufzuregen,

und dass ich auch mich selbst lassen kann.

Lass mich alles loslassen, was mich hindert,

jetzt im Augenblick zu leben.

Lass mich vor allem meine eigenen Bilder von mir loslassen,

damit dein Bild in mir aufstrahlt,

das du dir von mir gemacht hast.

Es geht
um das Eigentliche

Ich habe mich meiner eigenen Wahrheit und der Wahrheit meines Lebens gestellt. Jetzt kann ich ohne Angst meinen Weg weitergehen. So wünsche ich Ihnen, dass Sie voll Vertrauen Ihren Weg weitergehen können.

Das Thema Sterben und Trauer ist kein Thema, mit dem wir uns gerne beschäftigen. Mir geht es selbst so, wenn ich einen Kurs für verwaiste Eltern halte. Ich spüre eine gewisse Spannung in mir. Ich frage mich, was ich den Eltern sagen soll, die ein Kind verloren haben. Ich merke, dass da meine gelernte Theologie nicht weiterhilft. Es braucht große Sensibilität, um trauernde Menschen nicht zu verletzen, indem ich allgemeine Wahrheiten verkünde, die aber an diesen Menschen in ihrem konkreten Leid vorbeigehen.

Wenn ich mich aber auf die trauernden Menschen einlasse, spüre ich auch immer einen Wandel in mir selbst. Am Anfang ist der Saal oft von der Trauer erfüllt. Es entsteht eine Atmosphäre der Schwere und Bedrückung. Doch am Ende eines Trauerkurses keimt neue Hoffnung auf. Da wird nicht nur geweint, sondern auch gelacht. Und ich fühle mich selbst beschenkt.

Ich habe mich nicht nur der Trauer anderer Menschen gestellt, sondern meiner eigenen Wahrheit, meinem eigenen Sterben und meiner Trauer. Und das führt mich tiefer in den Grund meiner Seele. Da spüre ich auf einmal, worum es in meinem Leben geht. Vieles, was mir Sorgen macht, verliert seine Wichtigkeit. Es geht um das Eigentliche. [...]

Mir geht es immer so, dass ich mich dann auf neue Weise frei fühle. Ich habe mich meiner eigenen Wahrheit und der Wahrheit meines Lebens gestellt. Jetzt kann ich ohne Angst meinen Weg weitergehen. So wünsche ich Ihnen, dass Sie voll Vertrauen Ihren Weg weitergehen können. Und ich wünsche Ihnen, dass Sie nun gerne und ohne innere Hemmung Sterbende begleiten und sich mit dem eigenen Sterben auseinandersetzen. Und ich wünsche Ihnen, dass Sie den Mut finden, auf Trauernde zuzugehen und ihre Trauer auszuhalten. Und wenn Sie selbst um einen lieben Menschen trauern, dann mögen Sie erfahren, dass die Trauer sich wandelt in eine neue Beziehung zu sich selbst und zum Verstorbenen.

So möge das Gesagte zum Wesentlichen führen, zu Ihrem wahren und ursprünglichen Wesen und zu dem, was wesentlich ist in Ihrem Leben. Angelus Silesius soll daher das letzte Wort haben:

»Mensch, werde wesentlich!
Denn wenn die Welt vergeht,
so fällt der Zufall weg,
das Wesen, das besteht.«

Das Leid hat sie nicht zerbrochen, sondern geöffnet für die Menschen. Und es gab ihr ihre Würde. Das hat sie ausgezeichnet. Das konnte sie anderen weitergeben. Sie kam sich nicht hilflos und verlassen vor, sondern erkannte, dass sie gerade dort, wo sie nach außen nichts mehr tun konnte, das Kostbarste zu geben vermochte: ihre Liebe, für andere zu beten.

Klagen
und schreien

Im Gebet, im Ringen mit Gott, darf am Anfang auch die Klage stehen. Die Psalmen laden uns ein, immer wieder mit Gott zu hadern und ihm Vorwürfe zu machen, dass er uns nicht beachtet hat. Die Klage darf immer wieder aus uns hervorbrechen. Jesus selbst hat uns ein Vorbild für diese Klage gegeben, wenn er am Kreuz schreit: »Mein Gott, mein Gott, warum hast du mich verlassen?« (Mk 15,34). Selbst Jesus hat sich am Kreuz also von Gott verlassen gefühlt. Aber er ist an diesem Gefühl nicht verzweifelt, sondern er hat es Gott gegenüber ausgedrückt. Indem er sich in seiner Verlassenheit an Gott wendet, wandelt sich auch die Verzweiflung in die Ahnung eines Vertrauens, das auch durch den Tod nicht zerstört werden kann. Wir dürfen davon ausgehen, dass Jesus nicht nur diesen einen Vers am Kreuz gebetet hat, sondern den ganzen Psalm 22.

In diesem Psalm schildert er dem Vater seine Not, die er am Kreuz erlebt: »Meine Rettung bleibt fern, so laut ich auch schreie« (Ps 22,2). Er erlebt sich als Wurm, vom Volk verachtet. Die Knochen fallen ihm auseinander. »Mein Herz ist geworden wie Wachs, es zerschmilzt mir im Innern« (Ps 22,15). Dann wendet er sich wieder an Gott mit der flehentlichen Bitte: »Rette mich aus dem Rachen des Löwen und vor den Hörnern der Stiere« (Ps 22,22). Der Psalm mündet schließlich in die vertrauensvollen Worte: »Er hat nicht verachtet, er hat nicht verabscheut das Elend des Armen, er hat sein Antlitz nicht vor ihm verborgen und hat gehört, als er zu ihm schrie« (Ps 22,25). Durch die Klage und Anklage, durch das Ausdrücken seiner Verzweiflung, durch die Schilderung seiner Not und Verlassenheit hindurch betet sich Jesus am Kreuz in das Vertrauen hinein, dass er letztlich doch nicht von Gott verlassen ist, dass selbst in dieser äußersten Not, in der er am Kreuz mit dem Tode ringt und schließlich unter äußerster Qual stirbt, nicht verlassen ist, sondern in Gottes Hände hinein stirbt. Gott wird selbst diesen Tod verwandeln.

Für viele, die einen lieben Menschen im Tod verloren haben, ist das Gebet Jesu am Kreuz ein

Durch die Klage und Anklage, durch das Ausdrücken seiner Verzweiflung, durch die Schilderung seiner Not und Verlassenheit hindurch betet sich Jesus am Kreuz in das Vertrauen hinein, dass er letztlich doch nicht von Gott verlassen ist [...]

tröstliches Vorbild geworden. Wenn Eltern ihr Kind bei einem Verkehrsunfall oder durch eine heimtückische Krankheit verlieren, dann können sie sich nicht sofort in Gottes Willen ergeben, dann können sie kaum mit Ijob sagen: »Der Herr hat gegeben, der Herr hat genommen; gelobt sei der Name des Herrn« (Ijob 1,21). Viel eher beginnt das Gebet mit einer Anklage: »Warum hast du uns das Kind genommen? Warum musste das geschehen? Hättest du nicht auf unsere Gebete hören können? Hättest du das Kind nicht schützen können? Warum hat es sein Schutzengel nicht vor dem Tod bewahrt?« Solche Klagen dürfen und sollen Gott gegenüber zum Ausdruck kommen. Manche Menschen haben Angst, Gott im Gebet anzuklagen. Sie meinen, sie dürften Gott nicht infrage stellen. Doch gerade die Psalmen laden uns ein, Gott immer wieder unsere Klage zuzumuten. Der Psalmist bleibt jedoch nicht in der Klage stecken. Er klagt, bis sich seine Klage in Vertrauen wandelt, in die Gewissheit, dass Gott ihn erhört. [...]

Viele Christen haben ihr Leid durch das Gebet verwandelt. Meine Mutter hatte die letzten zwanzig Jahre ihres Lebens nur noch drei Prozent Sehkraft. Dadurch konnte sie vieles nicht mehr tun, was ihr lieb und teuer war. Doch sie hat darüber nicht gejammert. Sie hat ihre Beschränkung dazu benutzt, jeden Tag für ihre Kinder und Enkelkinder zwei Rosenkränze zu beten. Das Gebet für andere hat ihr geholfen, sich nicht auf ihre Behinderung zu fixieren, sondern sie frucht-bar für andere zu machen. Und sie hat ihr Leiden für ihre Kin-der und Enkelkinder aufgeop-fert. Heute tun wir uns schwer mit diesem Wort »aufopfern«. Aber für sie war es ein Weg, ihr Leiden zu bewältigen und es fruchtbar für andere zu ma-chen. Sie hatte eine Ahnung

Manche Menschen haben Angst, Gott im Gebet anzukla-gen. Sie meinen, sie dürften Gott nicht infrage stellen. Doch gerade die Psalmen laden uns ein, Gott immer wieder unsere Klage zuzumuten.

davon, dass ihr Leiden nicht sinnlos war. Das Gebet hat ihr geholfen, es anzunehmen als ihren Anteil des Kreuzes, den sie willig tragen wollte. Und sie hat im Leiden gespürt, dass auch eine positive Kraft darin lag. So war das Aufopfern für sie der Weg, ih-rem Leiden einen Sinn zu geben und es als etwas zu sehen, was gerade sie anderen geben konnte. Das Leid hat sie nicht zerbrochen, sondern geöffnet für die Menschen. Und es gab ihr ihre Würde. Das hat sie ausgezeichnet. Das konnte sie anderen weiter-geben. Sie kam sich nicht hilflos und verlassen vor, sondern erkannte, dass sie gerade dort, wo sie nach außen nichts mehr tun konnte, das Kostbarste zu geben vermochte: ihre Liebe, für andere zu beten.

Gebet in Angst

Barmherziger und guter Gott, du kennst alle meine Ängste:
meine Angst, mich vor anderen zu blamieren, meine Angst,
auf andere zuzugehen, von anderen verletzt zu werden, die
Angst vor dem Neuen, das auf mich zukommt. Ich halte dir
meine Angst hin und die Ohnmacht, sie zu überwinden.
Du kennst meine vielen Versuche, gegen meine Angst zu
kämpfen. Sie haben mir nicht geholfen. Im Gegenteil,
die Angst ist immer stärker geworden.
Halte deine segnende Hand über mich und meine Angst.
Verwandle meine Angst, dass sie mich näher zu dir führt,
dass sie mich auf dich verweist. In deinen Händen bin ich
geborgen, mit meiner Angst. Befreie mich von den Illusionen, die ich mir über mich selbst gemacht habe, dass ich
immer stark und erfolgreich und selbstsicher sein muss.

Führe mich durch die Angst in den inneren Raum meiner

Seele, in dem du wohnst. Dort hat die Angst keinen Zutritt.

Lass mich ein wenig ausruhen in diesem Raum der Stille

und ihn genießen, weil ich dort im Innersten meiner Seele

frei bin von der Angst. Lass mich von diesem Raum der Stille

mit Vertrauen in die Welt gehen, ohne Angst vor der Angst,

die mich in der Welt wieder erfassen wird.

Söhne mich aus mit meiner Angst, damit sie mich immer

wieder an dich erinnert und an den inneren Raum, in dem

du in mir wohnst und mich befreist von aller Angst.

BETEN IN DUNKLEN STUNDEN

Wie soll
ich noch glauben?

Im Gespräch mit Leidenden höre ich beide Stimmen: die Stimme derer, die durch die Erfahrung des Leidens ihren Glauben vertieft haben; und die Stimme derer, die ihren Glauben verloren haben, weil das Leid für sie zu unerträglich war und ist.

Leiden erschüttert auch meinen Glauben. Ich kann nicht einfach weiter glauben, wie ich das bisher immer getan habe. Das Leiden stellt meinen Glauben infrage. Habe ich auf falsche Versprechungen Gottes gesetzt? Ist der Glaube nur Illusion? Zerbricht er, sobald Leid ihn auf die Probe stellt? Im Gespräch mit Leidenden höre ich beide Stimmen: die Stimme derer, die durch die Erfahrung des Leidens ihren Glauben vertieft haben; und die Stimme derer, die ihren Glauben verloren haben, weil das Leid für sie zu unerträglich war und ist. Diese Menschen sind früher gerne zur Kirche gegangen. Doch jetzt geht es nicht mehr. Die Worte der Bibel gehen an ihnen vorbei, denn sie sind zu schön, um wahr zu sein. Und manche Predigten machen die Betroffenen wütend, weil sie den unbedarften Kirchenbesuchern eine heile Welt vorgaukeln, die es für sie selbst so nicht mehr gibt. [...]

Immer wieder schreiben mir Menschen in ihren Briefen, dass es ihnen so schlecht ginge. Sie erzählen, dass sie keine Kraft mehr hätten. Die Gründe sind verschiedenen Ursprungs: Die einen werden von Schulden immer mehr bedrückt. Andere leiden darunter, dass ihre Kinder andere Wege gehen oder dass diese krank, depressiv, vom rechten Weg abgekommen sind. Viele bekräftigen dann, dass sie ständig beten würden. Aber trotz allen Betens wird es einfach nicht besser. Manchmal fragen mich diese Menschen dann, ob sie etwa falsch beten würden oder irgendetwas nicht richtig machen, weil sich so gar nichts ändert. Das zeugt von einem eigenartigen Verständnis von Gebet. Sie denken, sie bräuchten Gott nur zu bitten, immer wieder zu bitten, dann würde er schon helfen. Und wenn er nicht hilft, zweifeln sie entweder an Gott oder an ihrem Beten. Sie meinen, sie hätten zu wenig Vertrauen, und suchen dann bei anderen Unterstützung.

Es ist sicher gut, auch andere um ihr Gebet zu bitten. Doch manchmal – so scheint mir – ist solches Gebet vom Leistungsgedanken getrübt, von der Einstellung: »Je mehr ich bete, desto eher muss Gott doch helfen.« Manchmal schauen die Leute die Probleme nicht wirklich an. Sie bitten Gott, dass er alles lösen soll. Aber sie strengen sich nicht an, die Probleme offen anzuschauen und anzugehen. Probleme anschauen würde heißen, das eigene Lebenskonzept infrage zu stellen. Das würde zu Demut führen. Nur das Gebet, in dem ich meine

Wahrheit Gott schonungslos hinhalte, wird weiterhelfen. Aber es hilft nicht immer in dem Sinn, dass Gott mir alle Steine aus dem Weg räumt. Vielleicht gibt er mir einfach nur die Kraft durchzuhalten. Irgendwann wird dann eine Lösung in mir aufsteigen, oder die äußeren Umstände verändern sich und auf einmal zeigt sich ein Weg, wie ich weitergehen kann.

Jesus hat im Lukasevangelium gezeigt, wie das unaufhörliche Gebet unsere Situation zu wandeln vermag. Dieses Evangelium zeigt Jesus vielfach als den großen Beter. Vor wichtigen Situationen in seinem Leben hat er gebetet. In seiner Passion kommt sein eigenes Beten zur Vollendung. […]

An anderer Stelle ringt Jesus am Ölberg mit Gott, dass er den Kelch von ihm nehmen möge. Aber zugleich ergibt er sich in Gottes Willen. Ein Engel steigt vom Himmel herab und stärkt ihn. Der Engel nimmt Jesus nicht das Leid, doch er gibt ihm neue Kraft, so dass er sich nun schonungslos seinem Leid zu stellen vermag. Als Antwort auf das Erscheinen des Engels betet er »in seiner Angst noch inständiger, und sein Schweiß war wie Blut, das auf die Erde tropfte« (Lk 22,44). Das Beten Jesu war ein Ringen. Es brachte ihn in Berührung mit der tief in

Jesus ließ sich nicht vom Leid bestimmen, sondern vom Vertrauen auf Gott, der auf ihn schaut. Und so starb er betend mit den Worten von Psalm 31, dem Abendgebet der frommen Juden

seinem Herzen sitzenden Angst vor den Schmerzen der Passion und vor dem grausamen Sterben am Kreuz. Doch als Jesus im Gebet seinen Schmerz und seine Angst, seine Ohnmacht und seine Verzweiflung zuließ, da wandelte sich seine Haltung. Nun ging er gefasst in die Passion hinein. Und am Kreuz, als die Schmerzen unerträglich wurden und Juden und Römer ihn verspotteten, da gab ihm das Gebet die Möglichkeit, sich innerlich von der bedrängenden Macht des Leides zu distanzieren. Er betete sogar noch für seine Spötter und seine Mörder: »Vater, vergib ihnen, denn sie wissen nicht, was sie tun« (Lk 23,34). Im Gebet wandte er sich an den Vater. Und so verloren die, die ihn verspotteten und die ihm Schmerzen bereiteten, ihre Macht. Jesus ließ sich nicht vom Leid bestimmen, sondern vom Vertrauen auf Gott, der auf ihn schaut. Und so starb er betend mit den Worten von Psalm 31, dem Abendgebet der frommen Juden: »Vater, in deine Hände lege ich meinen Geist« (Lk 23,46). Das Beten nimmt im Lukasevangelium der Grausamkeit ihre Macht. Sogar über dem Sterben Jesu liegt noch eine Atmosphäre von Vertrauen und Liebe. So erkennt der Hauptmann, dass dieser Jesus wahrhaft ein gerechter Mensch war.

Beten im Jahreskreis

Gebete und Begleittexte

Jesus will uns mit seinem Ruf die Augen öffnen, damit wir die Wirklichkeit so sehen, wie sie ist, damit wir hinter die Dinge schauen und Gott in allem erkennen.

Aufwachen,
um Gott zu erkennen

Heute weckt uns zumeist der Wecker. Früher war es der Hahn, der die Menschen aufgeweckt hat. Der Kirchenvater Ambrosius hat in einem Morgenhymnus den Hahn gepriesen, der uns am Morgen zuruft:

»So stehet rasch vom Schlafe auf,
der Hahn weckt jeden, der noch träumt!
Sein Ruf gibt Hoffnung unserm Herz,
verheißt den Kranken Linderung.«

Im Neuen Testament erinnert der Hahn Petrus an seinen Verrat. Aber er verweist ihn auch auf Jesu Barmherzigkeit. So will der Hahn uns sagen: Lass allen Verrat hinter dir. Gräme dich nicht, wenn du dich selbst und den Menschen neben dir und wenn du Gott verraten hast. Das ist vorbei. Jetzt beginnt ein neuer Morgen, an dem Gottes Treue für dich da ist. Sie gibt dir neuen Stand und neue Festigkeit.

Schlafen und Aufwachen wurden immer als Bild gesehen. In der Gnosis beschreibt man den Zustand der meisten Menschen als Schlaf. Sie wandeln auch tagsüber im Schlaf ihrer Illusionen. Jesus will uns mit seinem Ruf die Augen öffnen, damit wir die Wirklichkeit so sehen, wie sie ist, damit wir hinter die Dinge schauen und Gott in allem erkennen.

Paulus sieht den Gegensatz von Schlafen und Wachen im 1. Thessalonicherbrief eher als Bild für unser Handeln – er sagt dort: »Ihr alle seid Söhne des Lichts und Söhne des Tages. Wir gehören nicht der Nacht und nicht der Finsternis. Darum wollen wir nicht schlafen wie die anderen, sondern wach und nüchtern sein« (1 Thess 5,5 f.).

Aufwachen heißt für Paulus: nüchtern und besonnen leben, sich vom Geist Jesu leiten lassen und sich nicht betrinken mit betäubenden Getränken, Gedanken oder Gefühlen.

Jesus hat uns immer wieder ermahnt, wachsam zu sein. Am Morgen, wenn wir aufwachen, sollen wir seinen Ruf hören, wie er ihn uns im Gleichnis von den fünf klugen und fünf törichten Jungfrauen entgegenruft: »Seid also wachsam!« (Mt 25,13). Das berühmte Adventslied von Philipp Nicolai lässt diesen Weckruf Jesu tief in unser Herz dringen:

> »Wachet auf, ruft uns die Stimme
> der Wächter sehr hoch auf der Zinne,
> wach auf, du Stadt Jerusalem!«

Das deutsche Wort »wach« heißt eigentlich: frisch und munter. Viele fühlen sich morgens noch müde und schläfrig. Sie brauchen den Weckruf, der sie wachruft, damit sie mit neuer Frische den Tag beginnen.

Dieses Aufwecken ist ein Bild geworden für das spirituelle Aufwachen. Es gibt immer wieder Erweckungsbewegungen in der Kirche, die die Menschen aufrütteln möchten, endlich die Augen aufzumachen und zu sehen, wer sie wirklich sind, wer sie durch Jesus Christus geworden sind. Ein Wort kann uns manchmal aufwecken, damit wir den Schlaf unserer Illusionen abschütteln und anfangen, so zu leben, wie es unserem Wesen entspricht.

In der Gnosis beschreibt man den Zustand der meisten Menschen als Schlaf. Sie wandeln auch tagsüber im Schlaf ihrer Illusionen. Jesus will uns mit seinem Ruf die Augen öffnen, damit wir die Wirklichkeit so sehen, wie sie ist [...]

Gebet um den Advent Jesu in uns

Guter Gott, in der Adventszeit warten wir auf das Kommen
deines Sohnes. Wir erwarten sein Kommen in jedem Augenblick, da er an die Tür unseres Herzens pocht, um es für
deine Liebe aufzuschließen. Und wir erwarten sein Kommen
am Ende der Welt, da er alles mit seinem Heil erfüllen wird.
Wir erwarten den Kommenden und wissen doch, dass er
schon bei uns ist. Wir bitten darum, dass Jesus zu uns
kommt, damit wir endlich bei uns selbst ankommen.
Denn wir sind oft nicht bei uns,
haben unsere Gedanken ganz woanders.

Lass diese Adventszeit für uns eine gesegnete Zeit werden –
eine Zeit, in der wir ankommen bei uns selbst und in diesem
Augenblick. Lass durch das Warten auf deinen Sohn unser
Herz weit und offen werden, damit er wirklich in unser Herz
eintreten kann.

Bring uns in Berührung mit der Sehnsucht nach dem Heil,
das durch deinen Sohn zu uns gekommen ist und in jedem
Augenblick zu uns kommen möchte.

Verwandle in dieser Zeit des Advents unsere Süchte, die uns
immer wieder gefangen halten, in Sehnsucht.

Schenke uns die Gewissheit, dass in der Sehnsucht nach dem
Kommen deines Sohnes dein Sohn schon angekommen ist
in unserem Herzen und unser Herz mit Liebe erfüllt.

Vor Weihnachten

Gütiger Gott, Weihnachten steht vor der Tür. Richte meinen

Geist weg von all den Besorgungen, die noch anstehen.

Öffne mein Herz für das Geheimnis,

das wir in wenigen Tagen feiern werden.

Lass dieses Fest nicht einfach an mir vorübergehen,

wie ich es leider schon oft erfahren habe.

Du willst an Weihnachten einen neuen Anfang mit mir

feiern, da dein Sohn Jesus Christus aus Maria geboren wird.

So will ich dir alles Alte und Verbrauchte hinhalten,

damit du mich davon befreist.

Ich will dir auch meine Schuld hinhalten:

alles, was in diesem Jahr nicht so gut war. Nimm alles von

mir, was mich belastet, damit Weihnachten wirklich ein

neuer Anfang wird.

Lass mich neu auf die Menschen zugehen, mit denen ich

Weihnachten feiere, aber auch auf die, mit denen ich nach

Weihnachten wieder zusammenarbeiten werde.

Erfülle alle Menschen, die meinen Alltag teilen, mit dem

Geist des neuen Anfangs. Befreie auch sie von allem, was sie

belastet, und zeige ihnen in der Geburt deines Sohnes, dass

sie nicht festgelegt sind durch die Vergangenheit, sondern

dass du täglich mit uns neu anfängst, dass deine Liebe alles

in uns neu macht.

Weihnachten

Gütiger Gott, heute feiern wir Weihnachten, das Fest unserer
Erlösung, das Fest der Geburt deines Sohnes.
Er ist als Kind zu uns gekommen.
Die Bilder von der Krippe, die Bilder Marias, die ihr
neugeborenes Kind liebend in den Armen hält oder
anbetend vor ihm kniet, berühren mich. Sie zeigen mir
deine zärtliche Liebe. Diese Liebe kommt nicht mit Macht.
Sie ist wie ein kleines Kind, das ich in die Arme nehme und
wiege. Das göttliche Kind – so sagt uns dieses Fest – ist nicht
nur in der Krippe im Stall von Betlehem.
Es ist auch in unserem Herzen.

Lass mich heute daran glauben und lass es mich auch

erfahren, dass das göttliche Kind in mir ist, dass mein Herz

von Liebe erfüllt ist, weil du selbst in ihm geboren wirst.

Wenn du in mir geboren wirst, erkenne ich meine eigene

Würde. Du wagst es, im Stall meines Herzens geboren zu

werden, um mich in meiner Alltäglichkeit und Banalität

daran zu erinnern, dass in mir ein Geheimnis wohnt, das

größer ist als ich selbst.

Dieses Geheimnis deiner Liebe, die im Kind in der

Krippe sichtbar und spürbar wird, wohnt in mir und unter

uns. Es lässt uns daheim sein in uns und miteinander.

Wir sind nicht allein in unserem Haus. Du selbst hast unser

Haus zu deiner Wohnung erwählt. Lass uns auf neue Weise

in unseren Herzen und in unserem Haus wohnen,

als Menschen, die gewürdigt worden sind,

Ort deiner Gegenwart zu werden.

Jahreswechsel

Barmherziger Gott, das alte Jahr geht zu Ende.

Es liegt vor mir mit allem, was ich erlebt habe.

Ich danke dir für alles, was du mir

in diesem Jahr geschenkt hast.

Ich habe Erfahrungen gemacht, die mich bereichert haben.

Ich durfte Menschen begegnen, die mich

mit ihrer Liebe beschenkt haben.

Ich durfte etwas gestalten und formen,

was für andere zum Segen wurde.

Dafür danke ich dir.

Ich erinnere mich auch an das, was nicht so gut war.

Aber ich verzichte darauf, Bilanz zu ziehen

und alles, was war, in Soll und Haben zu buchen.

Ich halte dir das vergangene Jahr hin.

Ich übergebe es dir. Ich verzichte darauf, es zu bewerten.

Ich überlasse es dir, damit du das, was war,

verwandelst und mir die Frucht des vergangenen Jahres

reichst, die mich im neuen Jahr nähren wird.

Du erinnerst mich, dass die Zeit vergeht,

dass meine Lebenszeit begrenzt ist.

Lass mich am Ende dieses Jahres

mein eigenes Ende in den Blick nehmen

und darum bitten, dass nicht nur dieses Jahr,

sondern auch mein Leben einmal gut enden wird.

Fastenzeit

Barmherziger und guter Gott,

segne die Fastenzeit,

dass sie für mich eine gute Übungszeit wird.

Die Fastenzeit ist ja die Zeit

des Trainings der inneren Freiheit.

Ich freue mich nicht auf die Fastenzeit.

Aber ich weiß, dass sie mir guttun wird.

Segne diese Fastenzeit,

dass ich mich befreie

von allen krankmachenden Gewohnheiten.

Lehre mich, durch Verzichten frei zu werden

von meinen Süchten und zu spüren,

dass ich noch frei über mich verfügen kann,

dass ich nicht abhängig bin von meinen Bedürfnissen.

Lass diese Fastenzeit für mich eine Zeit

der inneren Reinigung und Erneuerung werden,

damit alte Gewohnheiten sich auflösen

und ich wieder bewusst lebe, bewusst esse,

bewusst im Augenblick bin,

ohne all das, was gerade in mir ist,

mit Essen oder Aktivitäten zuzustopfen.

Segne diese Fastenzeit,

damit sie mich erneuert und erfrischt,

damit sie meine Seele reinigt.

So wird an Ostern neues Leben in mir aufblühen

durch Christus, unsern Herrn.

Frühjahr

Guter Gott, das Frühjahr ist für mich immer eine besondere Zeit.

Nach dem langen Winter sehne ich mich nach dem Frühling, nach

grünen Wiesen und blühenden Blumen. Im Frühling steckt die

Verheißung, dass auch in mir neues Leben aufblüht.

Die Tage werden länger, es wird heller. Ich sehne mich danach,

dass das Licht auch in mir die Dunkelheit vertreibt.

Der Frühling zeigt, dass die erstarrte Natur wieder neu aufbricht.

Das Leben ist stärker als der Tod. Das ist für mich eine Verheißung,

dass auch in mir alles Erstarrte neu zur Blüte kommen wird.

Nicht umsonst feiert die Kirche Ostern in der Frühlingszeit.

An Ostern feiern wir das Geheimnis, das die Natur uns jedes

Jahr vor Augen führt, als Geheimnis unseres Lebens.

Christus, die Ostersonne, hat die Dunkelheit vertrieben.

Christus steht auf von den Toten.

Wir bleiben nicht im Grab der Kälte und Einsamkeit. Wir

stehen mit Christus auf zu neuer Lebendigkeit. Die Fesseln

werden gesprengt. Neues Leben drückt sich aus im Singen

und Tanzen.

Segne diese Frühlingszeit, damit sie für mich eine Zeit

neuen Lebens wird und mir die Gewissheit schenkt,

dass das Leben auch in mir stärker ist als der Tod.

Palmsonntag

Barmherziger Gott, am heutigen Tag ist dein Sohn Jesus
Christus in die Heilige Stadt eingezogen. Die Leute haben
ihm zugejubelt. Er ist als Friedenskönig eingezogen.
Und doch beginnt mit dem heutigen Tag seine Passion. In
dieser Stadt, in die er umjubelt eingezogen ist, musste er ein
paar Tage später den Weg des Leidens gehen, der ihn durch
die schaulustige Menge ans Kreuz führte.
Wir haben ihm heute mit Palmzweigen zugerufen:
»Hosanna dem Sohne Davids!« Aber kurz darauf haben wir
die Passionsgeschichte gehört. Jesus hat sich dem Leiden
ausgeliefert. Er ist als König durch das Leid
hindurchgegangen, das ihm die Menschen angetan haben.

Schenke mir auch heute das Vertrauen, dass mir bei all dem

Leiden, das mich immer wieder trifft, meine königliche

Würde nicht genommen wird.

Lass mich den Weg des Leidens gemeinsam mit deinem

Sohn gehen. Dann wird mich nicht das Leiden beherrschen,

sondern ich werde mit Jesus Christus aufrecht

hindurchgehen in dem Vertrauen, dass auch mich

die Auferstehung erwartet.

Karwoche

Barmherziger und guter Gott, die Karwoche ist für mich die

wichtigste Woche des Jahres. Lass mich diese Woche

bewusst erleben.

Ich schaue auf die Passion deines Sohnes und sehe darin

seine Liebe zu mir. Mit all den Dichtern, die in den Passions-

liedern seinen Leidensweg besungen habe, erkenne ich im

Leiden Jesu dessen bedingungslose Liebe zu mir. Er hat sein

Leben für mich aufs Spiel gesetzt. Er hat sein Leben für mich

hingegeben, weil ich für ihn wichtig bin.

Der Blick auf das Leiden deines Sohnes möge auch mir den Mut schenken, auf meinen Weg zu schauen und die Wunden nicht zu verdrängen, die mir das Leben schlägt. Ich will mich nicht an den Wunden weiden, sondern im Blick auf Jesus erkennen, dass du alles zu heilen vermagst, was mich kränkt, dass du alles verwandelst, was für mich zunächst wie eine Last erscheint.

Segne diese Karwoche, dass sie meinen Glauben vertieft und mich deine Liebe und die Liebe deines Sohnes auf neue Weise erleben lässt.

Herr Jesus Christus, wir feiern heute deinen Tod am Kreuz.

Wie können wir deinen Tod feiern? Sollen wir ihn nicht

lieber betrauern? Doch du selbst lädst uns ein, gemeinsam

mit der Kirche dein Kreuz zu feiern und zu verehren. Denn

dein Kreuz ist Zeichen der Hoffnung, dass es in uns nichts

gibt, was uns vom Leben abhalten kann.

Dein Kreuz zeigt uns, dass du alles Gegensätzliche in uns mit

deiner Liebe umfängst, dass deine Liebe in das Starke und

Schwache in uns einströmt, in das Gesunde und Kranke,

in das Heile und Verletzte.

Dein Kreuz ist Zeichen dafür, dass wir von dir bedingungslos angenommen sind. So feiern wir dein Kreuz als Sieges-
zeichen. Wir werden heute singen: »Dein Kreuz, o Herr,
verehren wir, und deine heilige Auferstehung preisen und
rühmen wir: Denn siehe, durch das Holz des Kreuzes kam
Freude in alle Welt.«

Dein Kreuz ist Grund der Freude. Wir brauchen vor nichts
mehr Angst zu haben. Denn am Kreuz hast du die ganze Welt
umarmt.

Und so schauen wir auf das Kreuz im Vertrauen, dass du
uns mit all unseren inneren Gegensätzen liebevoll umarmst
und dass nichts in uns von deiner siegreichen Liebe ausgeschlossen ist.

Lass uns heute voll Vertrauen dein Kreuz feiern als die
Ursache allen Heils und den Grund einer Freude, die uns
niemand zu nehmen vermag.

Ostern

Auferstandener Herr Jesus Christus, du hast in deiner

Auferstehung den Tod besiegt.

Du bist in das Reich des Todes hinabgestiegen und hast alles

Tote in mir an die Hand genommen, um es ans Licht und

zum Leben zu führen.

Du hast den Stein weggewälzt, der mich blockiert und am

Leben hindert. Du hast die Fesseln gesprengt, die mich

einengen. Du bist auferstanden vom Tod und schenkst mir

die Gewissheit, dass auch ich mit dir aufstehen kann aus

dem Grab meiner Angst, aus dem Grab meiner Dunkelheit

und Resignation.

Du bist nach deiner Auferstehung zuerst Maria Magdalena

erschienen und hast sie mit ihrem Namen angesprochen.

Sie hat in der Begegnung mit dir erfahren, dass die Liebe

stärker ist als der Tod, dass deine Liebe den Tod außer Kraft

setzt.

Lass mich heute glauben, dass mich im Tod dein Wort der

Liebe empfangen wird. Und schenke mir das Vertrauen, dass

überall dort, wo ein Konflikt uns trennt, ein Wort der Liebe

neues Leben zeugt. Lass mich heute teilhaben an deiner

Auferstehung und aufrecht und voller Hoffnung auf die

Menschen zugehen, weil auch in ihnen deine Liebe stärker

ist als der Tod.

Das Wasser möge auch uns reinigen, damit unser ursprüngliches und unbeflecktes Bild, das Gott sich von uns gemacht hat, wieder aufstrahle.

Das Wasser
des Lebens mitnehmen

In der Osternacht segnet der Priester Wasser in einem großen Bottich. Im Segensgebet drückt er aus, was das Wasser bedeutet:

»Segne dieses Wasser, das uns an deine Sorge für uns Menschen erinnert. Im Anfang hast du das Wasser erschaffen, damit es der Erde Fruchtbarkeit bringt und uns Menschen zum frischen Trunk und zum reinigenden Bad wird. Du hast das Wasser in Dienst genommen für das Werk deines Erbarmens: Im Roten Meer hast du dein Volk durch das Wasser aus der Knechtschaft Ägyptens befreit, in der Wüste mit Wasser aus dem Felsen seinen Durst gestillt. Die Propheten sahen im Bild des lebendigen Wassers den Neuen Bund, den du mit uns Menschen schließen wolltest. Durch das Wasser, das Christus im Jordan geheiligt hat, reinigst du im Bad der Taufe den sündigen Menschen und schenkst ihm das neue Leben deiner Kinder.«

In diesen Bildern wird deutlich, was der eigentliche Sinn des Wassers ist. Das Wasser möge auch uns reinigen, damit unser ursprüngliches und unbeflecktes Bild, das Gott sich von uns gemacht hat, wieder aufstrahle.

Nach der Segnung des Wassers besprengt der Priester alle Gläubigen mit dem gesegneten Wasser. Unser Abt zieht mit einem großen Weihwasserbecken durch die Kirche und besprengt die Anwesenden, so dass sie wirklich nass werden. Sie sollen spüren, dass das Wasser auch sie reinigt und erfrischt, dass sie gesegnete Menschen sind. Und das Wasser soll sie an ihre Taufe erinnern. Der Abt lädt alle ein, sich etwas Osterwasser mit nach Hause zu nehmen. Und viele füllen ihre mitgebrachten Flaschen nach der Feier der Osternacht mit dem Osterwasser. Sie bringen etwas vom Ostersegen mit nach Hause. Sie gießen es in ihr Weihwasserbecken zu Hause, das sie zuvor gereinigt haben. Es erinnert sie auch daheim daran, dass sie mit Christus auferstanden sind aus dem Grab ihrer Angst und Dunkelheit, dass auch in ihnen neues Leben aufblüht.

Unser Abt zieht mit einem großen Weihwasserbecken durch die Kirche und besprengt die Anwesenden, so dass sie wirklich nass werden. Sie sollen spüren, dass das Wasser auch sie reinigt und erfrischt, dass sie gesegnete Menschen sind.

Auferstehung leben

Ich wusste nicht,

dass es so schwer ist, Herr, Auferstehung zu leben,

das Leben neu zu lernen, nach dem erlittenen Leid:

dem Kampf, den Zeiten der Zweifel, der Zerrissenheit und Angst,

dem Hängen zwischen Himmel und Erde,

dem »Nichtsehen« des Weges,

dem Tod, in dem alles zerbrach,

meine Liebe, meine Hoffnung, mein Weg.

Und du, Herr,

nach drei Tagen bist du auferstanden, Christus.

Werden es bei mir dreißig Tage, drei Jahre, dreißig Jahre?

Werde ich je erleben, dass Auferstehung möglich wird,

Kraft erwächst zu neuem Leben, dass ein Weg sich zeigt

in meiner Dunkelheit?

So zerbrechlich fühle ich mich, nichts in Händen haltend

außer den Wunden,

auf deren Verklärung ich warte.

Gott, mein Gott, hast du mich verlassen?

Warum muss ich trauernd umhergehen,

von meiner Vergangenheit bedrängt?

Warum muss ich zweifelnd umhergehen,

von meiner Zukunft bedrängt?

Wohin geht mein Weg?

Gibt es noch ein Ziel für mich, ein neues Ziel,

eine neue Berufung, Zukunft und Hoffnung?

Manchmal kann ich es nicht mehr glauben, Herr,

manchmal kann ich nicht mehr hoffen, Gott!

Die Zeit zerrinnt zwischen meinen Fingern,

die Hoffnung zerrinnt in meinem Herzen.

Die Erinnerung allein bleibt:

lähmt, pocht täglich neu in meinen Gedanken,

bis jede Erinnerung in dem Schrei mündet:

Warum, Christus, warum? Kannst du mich nicht heilen?

Richte mich auf unter der Last der Vergangenheit,

so dass ich neu sehen kann:

Dich, meine Berufung, meinen Weg, meine Zukunft.

Christi Himmelfahrt

Herr Jesus Christus, du bist heute in den Himmel aufgefah-

ren. Du hast deine Jünger verlassen – nicht um sie

alleinzulassen, sondern damit sie dich

in ihrem eigenen Herzen wahrnehmen.

Denn der Himmel, zu dem du aufgefahren bist, ist ja in uns.

Wir sollen – so sagen uns die Engel – nicht zum Himmel

hinaufsehen, sondern in unser Herz blicken.

Dort wohnst du in uns.

Du gehst uns nicht mehr voran, damit wir dir nachfolgen.

Du bist vielmehr in uns, so dass du unsere Wege mitgehst.

Und dennoch sollen wir auch nach oben schauen. So mahnt

uns der Apostel Paulus: »Richtet euren Sinn auf das

Himmlische und nicht auf das Irdische!« (Kol 3,2).

Deine Himmelfahrt will uns zeigen, dass wir hier mitten auf
der Erde zugleich von deinem Himmel umgeben sind, von
deiner Gegenwart. Wir sollen nicht am Irdischen kleben,
sondern in der Weite deines Himmels selbst weit werden,
offen für Gott und offen für die Menschen um uns herum.
Wir sollen einander so begegnen, dass wir füreinander den
Himmel öffnen und dass im Miteinander der Himmel über
uns aufgeht.

So bitte ich dich, dass das Fest deiner Himmelfahrt uns den
Himmel in uns finden lässt und uns den oft verhangenen
Himmel über unserem Leben öffnet, damit dein Licht über
uns leuchtet.

Pfingsten

Auferstandener Herr Jesus Christus, du hast uns nach deiner

Auferstehung den Heiligen Geist gesandt,

damit er unser Leben erneuert.

Dein Heiliger Geist kam in Feuerzungen auf deine Jünger

herab. So konnten sie so sprechen, dass ein Funke

übersprang und alle Menschen sie verstanden.

Schenke uns deinen Heiligen Geist, damit auch wir eine

Sprache sprechen, die die Herzen erwärmt.

Dein Heiliger Geist ist deine Liebe, die du in unsere Herzen

ausgegossen hast. Lass uns immer die Quelle dieser Liebe in

uns erfahren und schenke uns die Gewissheit, dass diese

Quelle nie versiegt, weil sie göttlich ist.

Lass uns auch bei unserer Arbeit nicht nur aus der eigenen

Kraft schöpfen, sondern aus der Quelle deines

Heiligen Geistes, damit unsere Arbeit für die Menschen

zum Segen wird.

Dein Heiliger Geist hat aus den ängstlichen Jüngern die

Gemeinschaft der Kirche geschaffen, die heute auf der gan-

zen Erde deine Botschaft verkündet. Nimm durch deinen

Geist alle Angst und Furchtsamkeit aus unseren Herzen und

lass uns als glaubhafte Zeugen für dich in dieser Welt

eintreten, damit viele Herzen von deiner Botschaft heute

berührt werden.

Stärke uns durch den Heiligen Geist, damit wir in der Kraft

deines Geistes unser Leben meistern und diese Welt

in deinem Sinn gestalten.

Muttertag

Barmherziger und guter Gott, heute feiern wir Muttertag.
Wir denken an unsere Mütter, denen wir unser Leben
verdanken. Die Mutter hat uns am Anfang des Lebens das
Urvertrauen geschenkt, dass es gut ist zu leben. Sie hat uns
in dieser Welt willkommen geheißen und uns mit ihrer
Liebe umgeben und Geborgenheit geschenkt.
So möchte ich an diesem Tag meiner Mutter danken für
alles, was ich durch sie erfahren habe an Lebensfreude, an
Vertrauen in das Leben, an Offenheit und an Geborgenheit.
Ich spüre, wie die Wurzeln, die ich von meiner Mutter habe,
mich tragen und mich nähren auf meinem Weg. Ich habe teil
an ihrem Glauben, an ihrer Fähigkeit, auf andere Menschen
zuzugehen und mit ihnen ins Gespräch zu kommen.

Ich bitte dich für alle Mütter, dass sie heute dankbar sein dürfen

für die Kinder, die sie geboren haben.

Ich bitte auch für die Mütter, die sich Vorwürfe machen, weil die

Kinder anders geworden sind, als sie sich das gewünscht haben.

Befreie sie von allen Selbstvorwürfen und schenke ihnen das

Vertrauen, dass ihre Kinder nicht allein sind, sondern dass dein

Engel sie begleitet und durch alle Umwege und Irrwege hindurch

auf den Weg führt, der sie zum Leben bringt.

Segne alle Mütter, dass von ihrer Liebe weiterhin Segen ausgeht

auf ihre Kinder.

Ferien- und Urlaubszeit

Guter Gott, du hast mir die freie Zeit meiner Ferien, meines

Urlaubs geschenkt.

Lass mich erfahren, was der Urlaub eigentlich will: dass ich

mir Dinge erlaube, die ich mir sonst im Alltag verbiete, dass

ich mir die Erlaubnis gebe, einfach zu leben, ohne dass ich

immer an den Nutzen denke.

Schenke mir die innere Ruhe, mich einfach auf das einzulas-

sen, was gerade ist, damit ich es mit allen Sinnen genieße.

Die Ferien laden mich ein, das Leben zu feiern,

das du mir geschenkt hast. In der Feier meines Lebens werde ich

frei von allen Verpflichtungen, die mich sonst oft bedrücken.

Lass diese Urlaubstage für mich erholsame Tage werden, damit

ich mir wieder die Kraft hole, die mir in der letzten Zeit verloren

gegangen ist, damit ich gut erholt in meinen Alltag zurückkehre.

Segne diese Ferienzeit, dass ich das erlebe, was mich von neuem

zum Leben bringt, dass die Begegnungen mich befruchten und

ich mich an der Schönheit deiner Schöpfung erfreue.

Herbst

Barmherziger und guter Gott, der Herbst kündigt sich an.

Die Blätter verfärben sich und fangen an abzufallen.

Wenn die Sonne in die Bäume hineinscheint,

dann strahlen sie golden auf.

Ich erlebe dich, mein Gott, als den grandiosen Maler, der die

milden Farben des Herbstes in wunderbarer Weise mischt. Es

ist ein wunderbares Gemälde, das sich mir kundtut, wenn ich

auf den von der Sonne beschienenen Herbstwald schaue oder

wenn ich durch ihn wandere.

Aber bei all dieser Pracht beobachte ich, wie ein Blatt

nach dem anderen zu Boden fällt.

Die Herrlichkeit wird nicht lange währen.

Der Herbst erinnert mich an den Herbst meines Lebens, in dem

ich vieles loslassen muss. Da müssen manche Blätter von

meinem Lebensbaum fallen. Sie werden zum Humus für die

Pflanzen des nächsten Jahres. So wird manches, was von mir

abfällt, nicht mehr zu meinen Lebzeiten Frucht bringen. Es

bildet den Humus für kommende Generationen.

Gott, ich bitte dich um die Milde des Herbstes, wenn ich die

Menschen um mich herum betrachte. Und ich bitte um die

Gelassenheit, dass auch ich bereit bin, vieles zu lassen, was

nicht mehr zu wachsen vermag.

Ich will mich fallen lassen in den Grund deiner Liebe, damit in

deiner Liebe Neues geboren wird für die Menschen.

Grundgebete der Christen

Vaterunser – Das Jesusgebet – Psalmgebete
Mit Meditationen

Das Gebet ist der Weg, sich in die Haltung Jesu einzuüben und von seinem Geist durchdrungen zu werden.

Jesus
als Beter

Kein Evangelist berichtet uns so viele Szenen, in denen wir Jesus als dem Beter begegnen, wie Lukas. Für ihn ist Jesus der große Beter: Er betet bei den wichtigsten Ereignissen seines Lebens. Er betet vor Entscheidungen. Immer wieder zieht sich Jesus an einsame Orte zurück, um zu seinem Vater zu beten.

Wenn Lukas von Jesus als dem Beter berichtet, dann hat er immer schon den gläubigen Christen im Auge. Für ihn ist das Gebet vor allem ein Weg, die Bedrängnisse des Lebens zu bestehen. Wie Jesus betend seine Passion bewältigt, so soll sich der Christ im Gebet an Gott festhalten, um so durch alle Bedrängnisse hindurch zur Herrlichkeit zu gelangen. Das Gebet ist der Weg, sich in die Haltung

Jesu einzuüben und von seinem Geist durchdrungen zu werden.

Wenn ich nun anhand des Lukasevangeliums die wichtigsten Situationen beschreibe, in denen Jesus betet, dann ahnen wir etwas von der »Gebetsschule«, in die uns Jesus hineinnimmt. Jesus lehrt uns durch sein Vorbild, wie wir beten sollen. Doch Lukas will mit den Gebetsszenen auch aufzeigen, welche Wirkung das Gebet haben kann. Lukas gilt als Maler. Mit seinen Worten entwirft er gleichsam Bilder. Seine Erzählungen über die Gebete Jesu sind Bilder für das, was auch für uns im Gebet geschehen könnte.

Nur Lukas erzählt uns, dass Jesus bei seiner Taufe betete: »Während er betete, öffnete sich der Himmel, und der Heilige Geist kam sichtbar in Gestalt einer Taube auf ihn herab, und eine Stimme aus dem Himmel sprach: Du bist mein geliebter Sohn, an dir habe ich Gefallen gefunden« (Lk 3,21f.). Dies ist ein schönes Bild für die Wirkung des Gebetes. Wenn wir beten, öffnet sich über uns der Himmel. Im Gebet kommt der Heilige Geist auf uns herab und stärkt uns für unsere Aufgabe. Und wir erfahren im Gebet, dass wir von Gott bedingungslos geliebt sind. Im Gebet erkennen wir, wer wir ei-

gentlich sind. Im Gebet erfahren wir uns als Gottes geliebte Söhne und Töchter. Wir erfahren die Zusage, dass Gott uns bedingungslos liebt. Als Jesus den Aussätzigen heilte und die Menschen von überall herbeiströmten, »zog er sich an einen einsamen Ort zurück, um zu beten« (Lk 5,16).

Das Gebet ist auch ein Schutzraum, in den wir uns zurückziehen dürfen, um vor dem Lärm der Welt und vor den Erwartungen der Menschen geschützt zu sein. Wie Jesus sollen wir uns das Gebet als einen einsamen Ort gönnen, an dem wir allein mit Gott sind. Das Gebet befreit uns vom Druck, immer für andere da und tätig sein zu müssen. Es zeigt uns, wo wir geben und wo wir nehmen sollen. Im Gebet nehmen wir uns Zeit, um in der Begegnung mit Gott wieder mit uns selbst in Berührung zu kommen. Ohne Beten sind wir in Gefahr, uns immer mehr zu verausgaben.

Bevor Jesus aus seinen Jüngern zwölf Apostel auswählte, »ging er auf einen Berg, um zu beten. Und er verbrachte die ganze Nacht im Gebet zu Gott« (Lk 6,12).

Das Gebet befähigt uns zu guten Entscheidungen. Vor wichtigen Situationen, Gesprächen oder

Im Gebet erkennen wir, wer wir eigentlich sind. Im Gebet erfahren wir uns als Gottes geliebte Söhne und Töchter. Wir erfahren die Zusage, dass Gott uns bedingungslos liebt.

Entscheidungen könnte uns das Gebet helfen, zur Ruhe zu finden und klarer zu sehen. Im Gebet sehen wir Entscheidungen in einem größeren Kontext. Wir halten sie Gott hin und trauen dem eigenen Gefühl, das im Gebet in uns auftaucht: dem Gefühl von Ruhe und Stimmigkeit.

Vor dem Messiasbekenntnis des Petrus betet Jesus in der Einsamkeit (vgl. Lk 9,18). Erst nach dem Gebet stellt er den Jüngern die entscheidende Frage, für wen sie ihn denn halten würden. Im Gebet kommen wir an die Fragen heran, auf die alles ankommt. Aber das Gebet ist für Jesus auch eine gute Vorbereitung, um dann seine Jünger in das Geheimnis seines Leidens und ihres Weges der Kreuzesnachfolge einzuweisen. Nach dem Gebet weist er sie in das Geheimnis seiner Nachfolge ein: Wer sein Jünger sein will, der soll sich selbst verleugnen und täglich sein Kreuz auf sich nehmen.

Das Gebet ist auch ein Schutzraum, in den wir uns zurückziehen dürfen, um vor dem Lärm der Welt und vor den Erwartungen der Menschen geschützt zu sein. Wie Jesus sollen wir uns das Gebet als einen einsamen Ort gönnen, an dem wir allein mit Gott sind. Das Gebet befreit uns vom Druck, immer für andere da und tätig sein zu müssen. Es zeigt uns, wo wir geben und wo wir nehmen sollen.

Nur Lukas erzählt vom Gebet Jesu bei seiner Verklärung. »Während er betete, veränderte sich das Aussehen seines Gesichtes, und sein Gewand wurde leuchtend weiß« (Lk 9,29). Im Gebet kommen wir in Berührung mit unserem wahren Wesen und alles Oberflächliche fällt ab. Die Masken zerbrechen, hinter denen wir uns verstecken. Verklärung heißt, dass das Eigentliche durchscheint: unsere ursprüngliche Schönheit. Der Glanz Gottes, der in uns ist, strahlt dann aus unserem Gesicht. Wir erkennen, dass wir die Herrlichkeit Gottes sind.

Vaterunser

Vater unser im Himmel,

geheiligt werde dein Name,

dein Reich komme,

dein Wille geschehe –

wie im Himmel so auf Erden.

Unser tägliches Brot gib uns heute,

vergib uns unsere Schuld,

wie auch wir vergeben unseren Schuldigern.

Und führe uns nicht in Versuchung,

sondern erlöse uns von dem Übel.

Denn dein sind das Reich und die Kraft

und die Herrlichkeit –

in Ewigkeit.

Amen.

In Berührung
mit unserem wahren Selbst

Wir erahnen, dass wir mit unserem Leben etwas ausdrücken können, was nur durch uns in dieser Welt sichtbar werden kann. Im Gebet – so sagt uns die Erzählung von der Verklärung Jesu – kommen wir in Berührung mit unserem wahren Selbst, Gottes Herrlichkeit leuchtet in uns auf.

Als Jesus verklärt wurde, tauchen Mose und Elija auf. Mose ist der Gesetzgeber und der Befreier: Wenn wir beten, kommt unser Leben in Ordnung und wir erfahren in Gott wahre Freiheit. Was die Menschen von uns halten, wird unwichtig. Elija ist der Prophet: Im Gebet entdecken wir unsere prophetische Sendung. Wir erahnen, dass wir mit unserem Leben etwas ausdrücken können, was nur durch uns in dieser Welt sichtbar werden kann. Im Gebet – so sagt uns die Erzählung von der Verklärung Jesu – kommen wir in Berührung mit unserem wahren Selbst, Gottes Herrlichkeit leuchtet in uns auf.

Allerdings lässt sich diese Gebetserfahrung nicht festhalten. Sie entschwindet uns immer wieder. Eine Wolke verdunkelt unseren Blick und wir müssen allein mit der Erinnerung an diese Lichterfahrung zurück in das oft genug neblige Tal unseres Alltags.

Den Höhepunkt von Jesu Beten schildert uns Lukas in der Passion. Als Jesus am Ölberg betet und mit dem Willen Gottes ringt, erscheint ihm ein Engel vom Himmel und stärkt ihn. Beten ist nicht immer nur Erfahrung von Frieden. Es kann auch ein schmerzliches Ringen um den Willen Gottes sein. Aber Gott schickt dem Beter seinen Engel, um ihm neue Kraft zu geben. Der Engel bewahrt Jesus nicht vor der Angst. Jesus gerät vielmehr in Todesangst. Er schwitzt vor Angst. Aber gerade darin betet er noch inständiger (vgl. Lk 22,44).

Diese Szene des Gebetes am Ölberg erzählt Lukas auf dem Hintergrund der Not, die viele heute wie damals mit dem Gebet haben. Im Gebet erleben wir oft Dunkelheit. Wir haben den Eindruck, als ob unser Beten ins Leere gehe. Es scheint nichts zu nützen. Gott scheint sich hinter einer dicken Mauer zu verbergen und zu schweigen. Weil wir nicht zu Gott vordringen, geht es uns oft genug wie den Jüngern. Wir schlafen ein und unser Gebet schläft ein. Und Jesus muss uns wachrütteln: »Steht auf und betet, damit ihr nicht in Versuchung geratet« (Lk 22,46). Wir werden wie Jesus in die gleichen Bedrängnisse geraten: in Einsamkeit, Angst, Verlassenheit, in Not und Leid. Das Gebet ist für uns der Weg, wie Jesus die Versuchungen zu bestehen und auch in der höchsten Bedrängnis an Gott festzuhalten.

Das Gebet am Ölberg gibt Jesus offensichtlich die Kraft, den Weg der Passion durchzustehen. Es schenkt ihm das Vertrauen, dass er auch im Tod nicht aus Gottes guter Hand fallen kann. Jesu Gebet gipfelt in seinem Beten am Kreuz. Am Kreuz hängend betet Jesus nicht nur für sich, sondern auch für seine Mörder: »Vater, vergib ihnen, denn sie wissen nicht, was sie tun« (Lk 23,34). Wenn wir für die Menschen beten, die uns verletzt haben, müssen wir uns nicht zur Vergebung zwingen. Doch wenn wir für sie beten, dann wächst in uns wie von selbst die Haltung der Vergebung. Wir halten den anderen in Gottes Barmherzigkeit hinein und können ihm auf diese Weise anders begegnen.

Jesus stirbt mit einem Gebetswort auf den Lippen. Es ist ein Vers aus Psalm 31, dem jüdischen Abendgebet. Zur gleichen Zeit, in der die frommen Juden mit dem Psalm 31 beten »In deine Hände lege ich meinen Geist«, betet Jesus am Kreuz dieselben Worte.

Jesus stirbt mit einem Gebetswort auf den Lippen. Es ist ein Vers aus Psalm 31, dem jüdischen Abendgebet. Zur gleichen Zeit, in der die frommen Juden mit dem Psalm 31 beten »In deine Hände lege ich meinen Geist«, betet Jesus am Kreuz dieselben Worte. Aber Jesus fügt in den Psalmvers das Wort »Vater« ein (vgl. Lk 23,46).

Er spricht selbst im Sterben den Vater als den lieben und zärtlichen Vater an. In die liebenden Hände seines Vaters legt er seinen Geist. Im Tod kehrt er zum Vater zurück. Das Beten verklärt sein Sterben. – Trotz aller erfahrenen Grausamkeit hält Jesus das Gebet durch und bleibt so mitten in seiner größten Not in Beziehung zu Gott. Ja, die Beziehung zu Gott befreit ihn von der Macht der Menschen. Selbst seine Mörder können nicht über ihn triumphieren. Das Gebet hebt ihn in eine andere Welt hinauf, in die die Schreie seiner Henker nicht dringen können.

Schon die frühe Kirche hat den Christen empfohlen, dreimal am Tag das Gebet des Herrn zu sprechen. Die Didache, auch Zwölfapostellehre genannt und vermutlich um das Jahr 100 entstanden, hat im Vaterunser einen Weg gesehen, in das Zentrum des Glaubens und damit zum richtigen Leben zu gelangen.

Das Vaterunser
Anleitung zum Glauben

Das Vaterunser hat schon zu Beginn des Christentums die Menschen fasziniert. Im zweiten Jahrhundert hat der Kirchenvater Tertullian das Vaterunser eine Kurzfassung des ganzen Evangeliums genannt: In diesem Gebet begegnen wir Jesus Christus und seiner Frohen Botschaft. Cyprian, im dritten Jahrhundert Bischof von Karthago, bezeichnet das Vaterunser als Kompendium der himmlischen Lehre. Er legt das Vaterunser eher dogmatisch aus: In ihm seien die wichtigsten Lehren des Christentums dargestellt. Und im Beten meditierten wir uns in das Geheimnis unseres Glaubens hinein. Im vierten Jahrhundert betont der Kirchenlehrer Gregor von Nyssa in seiner Auslegung eher den ethischen Aspekt des Vaterunsers. Für ihn ist das Vaterunser »Anleitung zu einem gottseligen Leben« (zit. n.: Ulrich Luz,

Evangelium nach Matthäus. Zürich/Neukirchen 1985–1995, 339) und damit gleichsam eine Hilfe zum richtigen und angemessenen Leben, das den Menschen zu seinem wahren Menschsein führt.

Täglich beten wir Christen das Vaterunser. Doch oft genug ist es uns zur Routine geworden. Wir wissen gar nicht mehr, was wir beten. Die einen stören sich an einzelnen Bitten, die sie nicht verstehen. Für andere sind die Worte leer und fremd geworden. Doch wir dürfen nicht vergessen: Viele Christen haben durch dieses Gebet ihren Glauben gestärkt und sind durch dieses Gebet in den Geist Jesu Christi hineingewachsen, der uns diese Worte zu beten gelehrt hat. Wenn wir heute das Gebet des Herrn sprechen, dann beten wir nicht nur gemeinsam mit Jesus Christus, sondern wir haben an der Glaubenserfahrung all der Christen teil, die vor uns gelebt haben und durch die Kraft dieses Gebetes ans Ziel in die Herrlichkeit Gottes gelangt sind.

Während wir Lebenden das Vaterunser als Glaubende und Hoffende beten, beten die Verstorbenen dieses Gebet als Schauende. So lenken diese Worte unseren Blick auf die Vollendung, in der die dort ausgesprochenen Bitten für immer verwirklicht sind. Dort im Himmel wird für immer Gottes Name geheiligt und sein Reich ist endgültig gekommen.

Schon die frühe Kirche hat den Christen empfohlen, dreimal am Tag das Gebet des Herrn zu sprechen. Die Didache, auch Zwölfapostellehre genannt und vermutlich um das Jahr 100 entstanden, hat im Vaterunser einen Weg gesehen, in das Zentrum des Glaubens und damit zum richtigen Leben zu gelangen: Durch das Gebet könne der Geist Jesu Christi in das menschliche Herz einfließen.

Die Didache spricht dabei zu Judenchristen, die es gewohnt waren, dreimal am Tag das Achtzehnbittengebet zu sprechen. Anstelle des jüdischen Gebetes sollten die Christen nun das Vaterunser beten. So wird das Vaterunser zum Kennzeichen der Christen. In diesem Gebet haben sie am Gebet Jesu teil. Sie beten sich in seine Gesinnung hinein und erfahren Gott als Vater, der seine Kinder liebt. Und sie fassen in diesem Gebet zusammen, was die Botschaft Jesu für sie ist. Heil und Erlösung, die durch Jesu Tod und Auferstehung geschehen sind, werden ihnen in diesem Gebet täglich erfahrbar.

> **Viele Christen haben durch dieses Gebet ihren Glauben gestärkt und sind durch dieses Gebet in den Geist Jesu Christi hineingewachsen, der uns diese Worte zu beten gelehrt hat.**

Sich nach dem
Vaterunser formen lassen

Indem ich das Vaterunser bete, habe ich teil an Jesu Liebe. Ich spüre seine tiefe Verbundenheit mit dem Vater. Und wenn ich Gott manchmal eher als fern erlebe, so helfen mir die Worte Jesu, die väterliche und mütterliche Nähe Gottes zu erahnen und zu spüren.

Auch wenn wir noch so viel über das Vaterunser lesen, wir kommen nie zu Ende, um das Geheimnis dieses Gebetes zu erfassen. Jesus hat uns in diesen Worten seinen eigenen Geist geschenkt. Er gibt uns Anteil an seinem Beten, an seiner intimen Beziehung zum Vater, an seiner Sehnsucht, dass das Reich Gottes kommen und uns zu wahren Menschen machen möge.

Indem wir die Worte Jesu nachbeten, kommen wir ihm selbst immer näher: seiner Botschaft, aber auch seiner Person, seiner Liebe zum Vater, seiner Verbundenheit mit dem Vater, seinem Vertrauen und seinem Glauben, dass Gott stärker ist als das Böse und dass das Reich Gottes schon gekommen ist und uns Menschen den Raum bietet, in dem wir wahrhaft Mensch sein dürfen. Und wir haben teil an der Sehnsucht Jesu, dass das Reich Gottes für immer kommen möge, als ein Reich, in dem es keine Versuchung und kein Böses mehr gibt und in

dem die Menschen in Freiheit und Würde, in Liebe und Gerechtigkeit leben können.

Auch wenn ich viel über das Vaterunser geschrieben habe, so habe ich den Reichtum dieses Gebetes immer noch nicht erfasst. Ich werde in meinem Leben nie zu Ende damit kommen, das Geheimnis dieses Gebetes zu ergründen. Je älter ich werde, desto mehr geht mir die Kraft dieser Worte auf, aber auch die Liebe Jesu, die in diesen Worten zum Ausdruck kommt.

Indem ich das Vaterunser bete, habe ich teil an Jesu Liebe. Ich spüre seine tiefe Verbundenheit mit dem Vater. Und wenn ich Gott manchmal eher als fern erlebe, so helfen mir die Worte Jesu, die väterliche und mütterliche Nähe Gottes zu erahnen und zu spüren. Und wenn mir manchmal die Worte des Vaterunsers fremd erscheinen, stelle ich mir vor, dass Jesus sie gebetet hat. Dann tauche ich ein in die Beziehung Jesu zu seinem Vater.

Und ich denke daran, dass Jesus die Beziehung zu seinem Vater in unterschiedlichen Situationen auch jeweils anders erfahren hat: in der Einsamkeit der Nacht, als er allein auf dem Berg betete; in der dunklen Stunde des Ölbergs, da er mit dem Vater rang; und in der Stunde seines Todes am Kreuz, in der er zwischen der Verlassenheit (»Mein Gott, mein Gott, warum hast du mich verlassen?«) und dem Vertrauen, im Tod in die liebenden Arme des Vaters hineinzufallen (»Vater, in deine Hände empfehle ich meinen Geist«), hin und her schwankte. Alle Auslegungen des Vaterunsers bleiben ein Stückwerk. Und nach allem Bedenken dieser Gebetsworte bleibt doch nur das Staunen vor dem Geheimnis dieses Gebetes. So möchte ich mit einigen Stimmen schließen, mit der große Beter vor uns das Vaterunser gepriesen haben. Teresa von Avila sagt: »Welch erhabene Vollkommenheit liegt in diesem Gebet! Wie sehr erkennt man darin die göttliche Weisheit dessen, der es verfasst hat! Wie dankbar müssen wir dafür sein! Es reißt mich zur Bewunderung hin, wie es in so wenigen Worten alles enthält, was zur Vollkommenheit und Beschauung gehört« (zit. n.: Wolfgang Bader, Vater Unser. München 1999, 101).

Und Martin Luther schreibt vom Vaterunser: »Weil dieses Gebet von unserem Herrn stammt, wird es ohne Zweifel das höchste, edelste und beste Gebet sein; denn hätte er ein besseres gewusst, der rechtschaffene, treue Lehrer, so würde er es uns auch gelehrt haben« (zit. n.: Bader, a. a. O., 102).

Viele Christen haben den Eindruck, dass das Vaterunser an ihnen oft vorbeigeht. Manchmal sind wir nicht aufmerksam genug. Dann bleiben die Worte, die wir beten, leer. Aber trotzdem dürfen wir vertrauen, dass das Beten etwas in uns bewirkt. Die französische Mystikerin Simone Weil schreibt dazu: »Es ist unmöglich, das Vaterunser zu sprechen und dabei auf jedes Wort die ganze Aufmerksamkeit zu richten, ohne dass in der Seele eine vielleicht unendlich kleine, aber tatsächliche Veränderung bewirkt wird« (zit. n.: Bader, a. a. O., 107). Und Thomas von Aquin ist überzeugt, dass dieses Gebet mehr und mehr unser ganzes Gemüt forme und verwandle.

Alle, die das Vaterunser täglich beten, sind sich einig, dass dieses Gebet unerschöpflich ist. Immer wieder stoßen wir in ihm auf neue Schätze der Weisheit und Liebe Gottes. Stellvertretend für die vielen Beter sei Matthias Claudius genannt, der schreibt: »Je länger man das Vaterunser betet, je mehr sieht man ein, wie wenig man es versteht, und wie wert es ist, verstanden und bedacht zu werden, um unbekannten Schätzen auf die Spur zu kommen« (zit. n.: Bader, a. a. O., 104).

So wünsche ich Ihnen, liebe Leser und Leserinnen, […] dass Sie dieses Gebet so beten können, dass Sie immer tiefer in den Geist Jesu und in seine persönliche Beziehung zu Gott hineinwachsen. So können Sie durch das Vaterunser zum richtigen Leben finden. Ich wünsche Ihnen, dass Sie mit jedem Beten des Vaterunsers neue Schätze entdecken und dass Ihr Staunen vor seinem Geheimnis beim Beten wächst, bis es einmündet in das Schauen des Reiches und der Kraft und der Herrlichkeit Gottes in Ewigkeit.

Alle, die das Vaterunser täglich beten, sind sich einig, dass dieses Gebet unerschöpflich ist. Immer wieder stoßen wir in ihm auf neue Schätze der Weisheit und Liebe Gottes.

GRUNDGEBETE DER CHRISTEN

Jesus will uns im Vaterunser lehren, dass Mystik und Politik zusammengehören, dass das Gebet des Herrn uns zu einem neuen Verhalten befähigt, aber auch herausfordert. Wer darauf nicht mit einem neuen Handeln antwortet, der hat auch nicht verstanden, was Beten heißt.

Mystik
und Politik

Aber auch umgekehrt gilt: Das Vaterunser ist nicht einfach eine Herausforderung, sich sozial zu engagieren. Es ist auch ein Weg in die spirituelle Erfahrung: in die Erfahrung, dass wir Söhne und Töchter Gottes sind. Nur wenn wir uns aus dieser spirituellen Erfahrung heraus für die Gesellschaft engagieren, wird unser Engagement auch zum Segen für die Gesellschaft.

Wir Christen sollen nicht einfach im sozialen Einsatz aufgehen. Wir müssen immer wieder auf den Grund zurückkommen, auf dem unser Einsatz steht. Und dieser Grund ist die mystische Erfahrung der besonderen Nähe zu Gott, einer Nähe, die ihren Grund in der intimen Beziehung Jesu zu seinem Vater hat.

Wenn unser politischer Einsatz nicht vom Gebet getragen wird, wird er uns überfordern. Ein Zivildienstleistender erzählte mir einmal, er engagiere sich für Umweltschutz und Frieden, aber mit sich selber komme er immer weniger zurecht. Er werde immer unzufriedener und aggressiver. Ihm fehlte wohl die spirituelle Erfahrung des Gebetes, da er sich selbst als Atheist bezeichnete. Er hat sicher die Gesinnung Jesu in sich gehabt. Aber er hatte keinen Ort, sich vom Geist Jesu durchdringen zu lassen. Das Gebet ist der Ort, an dem wir mit unserer inneren Quelle in Berührung kommen, aus der heraus wir uns dann für diese Welt einsetzen können.

Der Evangelist Matthäus hat die Verbindung von Mystik und Politik nicht nur dadurch zum Ausdruck gebracht, dass er das Vaterunser in die Mitte der Bergpredigt stellte, sondern auch durch die Kapitel, die er der Bergpredigt folgen lässt. In ihnen beschreibt er die Taten des Messias, die zehn Wunder, die Jesus – ähnlich wie Mose auf dem Weg durch die Wüste – gewirkt hat.

Jesus begnügt sich nicht damit, uns einen Weg zum Gebet aufzuzeigen und uns Weisungen zu geben, wie wir aus diesem Gebet heraus leben sollen. Er selbst greift in die Welt ein. Er selbst führt die Menschen in die Freiheit und in das Leben. Er heilt ihre Wunden und er stärkt ihren Glauben, dass Gott sie in das Gelobte Land führen wird, in das Land, in dem sie ganz sie selbst sein dürfen, authentisch und frei.

Die Politik muss sich aus der mystischen Erfahrung heraus nähren. Die Mystik aber muss in das gesellschaftliche Engagement einmünden.

Die Politik muss sich aus der mystischen Erfahrung heraus nähren. Die Mystik aber muss in das gesellschaftliche Engagement einmünden. Das haben die Mystiker und Mystikerinnen aller Zeiten bewiesen. Mystikerinnen wie Hildegard, Mechthild und Gertrud haben immer auch für eine authentischere Kirche und eine gerechtere Welt gekämpft. Und der frühere Generalsekretär der Vereinten Nationen, Dag Hammarskjöld, konnte seinen politischen Einsatz aus der Erfahrung des Gebetes heraus bewältigen. Das Gebet gab ihm die Kraft, sich für andere zu engagieren. Es verhalf ihm zu innerer Klarheit und er konnte so erkennen, was Gott von ihm und für diese Welt will.

»Jesusgebet«
Jesus Christus in mir

Man gelangt zu dem Gebet, von dem man nicht mehr sagen kann, dass man betet, weil es uns vollkommen in Beschlag genommen und überschwemmt hat und es auf unserem Wesensgrund keine Unterscheidung gibt zwischen Herz und Gebet.

Nach dem Ausatmen ist ein kleiner Augenblick, in dem nichts geschieht, in dem wir weder ausatmen noch einatmen. Dieser Augenblick ist für die Lehrer der Meditation ganz entscheidend. Da zeigt es sich, ob ich mich wirklich loslasse und Gott übergebe oder ob ich an mir festhalte. Wenn ich diesen Augenblick nicht aushalte, sondern sofort selbst den Atem einziehen will, dann lasse ich mich eben nicht in Gott hinein los. Dieser kostbare Augenblick des reinen Schweigens und reinen Nichtstuns ist der Ort, wo wir uns in die barmherzigen Arme Gottes fallen lassen und darin den Geschenkcharakter unserer ganzen Existenz erahnen. Das Wort, so sagt Isaak von Ninive, führt zum wortlosen Geheimnis Gottes. Wir haben unseren Atem an das Wort gebunden, um nicht zerstreut zu werden, aber in diesem Zwischenraum von Aus- und Einatmen lassen wir auch das Wort los. Wir lassen uns von ihm hineinführen in den Raum, der allein von Gott erfüllt ist. Aber dieser Raum ist kein irgendwie göttlicher Raum, sondern er ist erfüllt vom Vater Jesu Christi, von der Barmherzigkeit und Güte Jesu selbst. Für mich ist das Jesusgebet ein guter Weg, in der ständigen Begegnung mit Jesus Christus und durch ihn mit dem Vater zu leben. Es ist ein vertrautes Wort, das von alleine in mir auftaucht, auch wenn ich es nicht bewusst übe. Es lässt mich daheim sein, es führt mich aus der Zerstreuung immer wieder hin zu dem allein Wichtigen, zum Vater Jesu Christi. Und es gibt mir die Gewissheit, dass Jesus Christus selbst in mir ist und mit mir geht. Wenn das Gebet in mir ist, ist auch Jesus Christus in mir und bei mir. Und dann lebe ich ständig aus der Begegnung mit Ihm. Diese Begegnung gibt meinem ganzen Leben einen anderen Geschmack. Sie hält in alles, was ich tue, etwas von der lieben den Barmherzigkeit Gottes hinein. Sie macht das ganze Leben zu einem beständigen Gebet, zu einer Begegnung mit Gott in meinem Herzen. Das immerwährende Gebet ist dann auf einmal einfach da, so wie es Andre Louf (1929–2010, Zisterzienserabt) so schön beschrieben hat: »Man gelangt dann zu dem Gebet, von dem man nicht mehr sagen kann, dass man betet, weil es uns vollkommen in Beschlag genommen und überschwemmt hat und es auf unserem Wesensgrund keine Unterscheidung gibt zwischen Herz und Gebet. Von nun ist es der Geist, der unaufhörlich in uns betet und uns immer weiter in sein Beten hineinzieht. Je mehr man von der Strömung mitgezogen wird, umso klarer sieht man ein, dass dieses Gebet wirklich nicht mehr aus uns selber stammt. Es ist sozusagen selbstständig geworden« (Andre Louf, In uns betet der Geist. Einsiedeln 1974, 147). […]

Das unablässige Jesusgebet führt zu einem beständigen Leben aus der Begegnung mit Jesus Christus. Im Beten des Namens Jesu tritt Christus selbst in unser Herz ein und macht es zu seiner Wohnstatt. So schreibt Hesychius von Batos, ein Autor des byzantinischen Mittelalters: »Die unaufhörliche Anrufung Jesu, verbunden mit einer brennenden Sehnsucht nach ihm und voll Freude über ihn, erfüllt die Atmosphäre unseres Herzens mit Seligkeit und Freude … Die Erinnerung an Jesus und die immerwährende Anrufung seines Namens bringen etwas wie eine göttliche Luft in unserem Geist hervor« (zit. n.: Louf, a. a. O., 152). Das Jesusgebet weckt in mir Kräfte, die bisher verschüttet waren unter dem Gewicht meiner Arbeit, meiner Sorgen. Es bringt alles in mir in die Beziehung zu Jesus Christus, in die Beziehung zu dem, der mich liebt und der ein Herz hat für mich, ein Herz, das nicht verurteilt, sondern sich erbarmt. Das Ziel des spirituellen Weges ist, ständig in dieser liebenden Beziehung zu Jesus Christus zu leben und darin heil und ganz zu werden. […]

Die Begegnung mit Christus und mit dem Vater Jesu Christi weckt in uns den wahren Kern zum Leben, sie macht uns in allem lebendiger und schenkt uns so wirklich ewiges Leben, Leben, das eine andere Qualität hat als das Leben um uns her, ein Leben in Freiheit und Milde, in Liebe und Freude. Nicht wir müssen uns verwandeln, sondern die Begegnung mit Gott verwandelt uns und führt uns so erst wirklich zu unserem wahren Selbst.

Das Jesusgebet weckt in mir Kräfte, die bisher verschüttet waren unter dem Gewicht meiner Arbeit, meiner Sorgen. Es bringt alles in mir in die Beziehung zu Jesus Christus, in die Beziehung zu dem, der mich liebt und der ein Herz hat für mich, ein Herz, das nicht verurteilt, sondern sich erbarmt.

Psalmgebete: Wunderbare Schöpfung

Psalm 19

2 Die Himmel erzählen die Herrlichkeit Gottes,

das Firmament verkündet das Werk seiner Hände.

3 Ein Tag sagt es jubelnd dem andern,

eine Nacht übergibt der andern die Kunde.

4 Nicht sind es Worte, nicht sind es Reden,

deren Stimme man nicht vernähme.

5 Ihre Botschaft ging in alle Welt hinaus,

ihre Nachricht bis zu den Enden der Erde.

6 Dort hat er der Sonne ein Zelt bestimmt

Wie der Bräutigam aus seinem Gemach tritt sie hervor,

sie freut sich wie ein Held, die Bahn zu laufen.

7 Am einen Ende des Himmels geht sie hervor,

durchläuft den Kreis bis ans andere Ende.

Nichts kann vor ihrer Glut sich bergen.

8 Die Weisung des Herrn ist vollkommen,

sie erquickt die Seele.

Das Zeugnis des Herrn ist verlässlich,

den Unwissenden macht es weise.

9 Die Befehle des Herrn sind gerade,

das Herz erfüllen sie mit Freude.

Das Gebot des Herrn ist lauter,

es erleuchtet die Augen.

10 Die Furcht des Herrn ist rein,

sie besteht für ewig.

Die Entscheide des Herrn sind wahr,

gerecht sind sie alle.

11 Kostbarer sind sie als Gold,

als Feingold in Menge,

süßer sind sie als Honig und Seim aus den Waben.

12 Auch dein Knecht lässt sich durch sie erleuchten.

Reich ist belohnt, wer sie beachtet.

13 Wer wird all seiner Fehler gewahr?

Sprich mich frei von verborgenen Sünden!

14 Auch vor Vermessenen behüte deinen Knecht,

sie sollen nicht über mich herrschen.

Dann werde ich vollkommen sein:

frei von schwerer Verfehlung.

15 Die Worte meines Mundes mögen dir gefallen,

das Sinnen meines Herzens stehe dir vor Augen,

Herr, mein Fels und mein Erlöser.

Psalm 19 besingt die Herrlichkeit der Schöpfung und zugleich die Vollkommenheit des göttlichen Gesetzes. Das erscheint uns heute eher suspekt. Für die Herrlichkeit der Schöpfung haben wir durchaus ein Gespür entwickelt. Aber dass ein Gesetz vollkommen sein kann und das Herz der Menschen erquickt, das ist uns eher fremd. Doch der Psalm sieht beides zusammen: die Herrlichkeit der Schöpfung und die Schönheit des göttlichen Gesetzes. Die Gesetze, die Gott in die Schöpfung hineingelegt hat, gelten auch für den Menschen. Gott handelt immer in gleicher Weise. Er möchte das Wohl der Schöpfung und das Wohl des Menschen. Dem Menschen geht es nur dann gut, wenn er sich nach seinem wahren Wesen richtet. Und sein Wesen erkennt er, wenn er auf die Schöpfung und ihre inneren Gesetze schaut. Was den Beter am Firmament vor allem fasziniert, das

ist die Sonne. »Dort hat er der Sonne ein Zelt bestimmt. Wie der Bräutigam aus seinem Gemach tritt sie hervor« (Ps 19,6).

In der Sonne zeigt sich Gottes Güte. Das Licht, das die Sonne schenkt, erhellt unsere Dunkelheit und die Wärme vertreibt unsere innere Kälte. Für die Kirchenväter ist die Sonne ein Bild für Christus, der in seiner Menschwerdung wie ein Bräutigam zu uns kommt. Christus, die wahre Sonne, erleuchtet uns durch seine Liebe, aber auch durch das Wort, das er zu uns gesprochen hat. Und in seinem Wort hat er uns Weisung gegeben, wie unser Leben gelingen kann. Die Worte, in denen er uns das Gesetz Gottes ausgelegt hat, »sind kostbarer als Gold, als Feingold in Menge. Süßer sind sie als Honig und Seim aus den Waben« (Ps 19,11). So erzählen uns die Himmel von der Herrlichkeit Gottes, die uns auf neue Weise in Jesus Christus aufgeleuchtet ist.

Psalmgebete: In Angst und Leid

Psalm 22

2 Mein Gott, mein Gott,

warum hast du mich verlassen?

Meine Rettung bleibt fern,

so laut ich auch schreie.

3 Mein Gott! Ich rufe bei Tag, doch du schweigst,

bei Nacht, doch ich finde keine Ruhe.

4 Du aber thronst als der Heilige,

du, Israels Lobpreis.

5 Auf dich vertrauten unsere Väter,

sie haben vertraut, und du hast sie gerettet.

6 Sie schrieen zu dir und wurden befreit,

auf dich vertrauten sie und wurden nicht zuschanden.

7 Ich aber bin ein Wurm – kein Mensch,

der Leute Spott, vom Volk verachtet.

8 Alle, die mich sehen, verlachen mich,

verziehen die Lippen und schütteln den Kopf:

9 »Wälze es doch auf den Herrn!« –

»Ja, er soll ihn retten!« –

»Er reiße ihn heraus, denn er hat ja an ihm sein Gefallen!«

10 Du selber zogst mich aus dem Schoß der Mutter,

du lehrtest mich an ihrer Brust Vertrauen.

11 Auf dich bin ich geworfen seit dem Mutterleib,

vom Schoß der Mutter an bist du mein Gott.

12 Bleib mir nicht fern,

denn die Not ist nahe,

und niemand sonst kann mir helfen.

13 Viele Stiere umringen mich,

Büffel von Baschan kreisen mich ein.

14 Sie sperren gegen mich ihren Rachen auf,

reißende, brüllende Löwen.

15 Hingeschüttet bin ich wie Wasser,

alle Knochen fallen mir auseinander.

Mein Herz ist geworden wie Wachs,

es zerschmilzt mir im Innern.

16 Meine Kraft ist vertrocknet wie eine Scherbe,

die Zunge klebt mir am Gaumen,

du legst mich in den Staub des Todes.

17 Hunde umringen mich,

eine Rotte von Frevlern hält mich umzingelt,

sie haben mir Hände und Füße gefesselt.

18 All meine Knochen kann ich zählen.

Sie aber gaffen und starren mich an.

19 Sie teilen unter sich meine Kleider

und werfen das Los um mein Gewand.

20 Du aber, Herr, halt dich nicht fern,

du meine Stärke, eile und hilf mir!

21 Entreiße mein Leben dem Schwert,

der Gewalt der Hunde mein einziges Gut.

22 Rette mich aus dem Rachen des Löwen

und vor den Hörnern der Stiere. –

Du hast mich erhört!

23 Ich will deinen Namen meinen Brüdern verkünden,

dich preisen inmitten der Gemeinde:

24 Die ihr den Herrn fürchtet, preiset ihn!

Alle Nachkommen Jakobs, ehret ihn!

Erschauert vor ihm, alle Nachkommen Israels!

25 Denn er hat nicht verachtet,

er hat nicht verabscheut das Elend des Armen,

er hat sein Antlitz nicht vor ihm verborgen

und hat gehört, als er zu ihm schrie.

26 Von dir kommt, dass ich dich preise in großer Gemeinde,

meine Gelübde will ich erfüllen vor denen, die Gott fürchten.

27 Die Armen sollen essen und sich sättigen,

den Herrn sollen preisen, die ihn suchen:

Aufleben soll euer Herz für immer.

28 Alle Enden der Erde werden daran denken

und kehren zurück zum Herrn.

Alle Stämme der Völker werden ihm huldigen.

29 Denn dem Herrn gebührt das Königtum,

er herrscht über die Völker.

30 Alle Mächtigen der Erde – sie essen und huldigen,

alle, die in den Staub gesunken sind, – sie beugen sich vor ihm;

31 und der nicht am Leben blieb,

seine Nachkommen werden ihm dienen.

32 Vom Herrn wird man dem kommenden Geschlecht erzählen,

dem Volk, das erst geboren wird, seine Heilstat verkünden:

Er hat's getan.

Die Evangelisten Matthäus und Markus berichten uns, dass Jesus am Kreuz den Beginn von Psalm 22 gebetet hat: »Mein Gott, mein Gott, warum hast du mich verlassen?« (Ps 22,2). Und von der Art und Weise, wie Matthäus das Gebet Jesu einführt, können wir darauf schließen, dass Jesus am Kreuz den ganzen Psalm gebetet hat. In diesem Psalm schildert er seine Not: »Ich aber bin ein Wurm – kein Mensch, der Leute Spott, vom Volk verachtet … Hingeschüttet bin ich wie Wasser, alle Knochen fallen mir auseinander. Mein Herz ist geworden wie Wachs, es zerschmilzt mir im Innern« (Ps 22,7.15). Die Evangelisten haben die Passion Jesu im Licht dieses Psalms gedeutet. Der Psalm erzählt ihnen von der Durchbohrung der Hände, vom Verteilen der Kleider und vom Los-Werfen um sein Gewand (vgl. Ps 22,17.19).

Doch der Psalm bleibt nicht bei der Schilderung des Leidens stehen. Er mündet im Aufruf, Gott zu preisen. Denn Gott wendet das Geschick eines Frommen. So verbindet der Ruf den Beginn des Psalms mit dem Ende. Gott soll Jesus am Kreuz nicht fernbleiben. Er soll auch uns nicht fernbleiben in unserer Not und unserer Bedrängnis. Aber Jesus betet den Psalm auch in der Gewissheit: »Ich will deinen Namen meinen Brüdern verkünden, dich preisen inmitten der Gemeinde« (Ps 22,23). Denn Gott rettet den Armen. Er rettet auch Jesus am Kreuz. Das Kreuz endet nicht in der Katastrophe und nicht in der Gottverlassenheit. Jesus ist sich mitten in seinem abgrundtiefen Leiden gewiss, dass Gott sein Schreien hört. In seinem Sterben lässt er sich in Gottes Hände fallen. Sein Tod und seine Auferstehung werden Grund dafür sein, dass man auch kommenden Generationen von ihm berichten wird: »Vom Herrn wird man dem kommenden Geschlecht erzählen … seine Heilstat verkünden: Er hat's getan« (Ps 22,32). Johannes hat nur diesen letzten Vers im Auge, wenn er Jesus mit den Worten sterben lässt: »Es ist vollbracht. Es ist vollendet.« Gott selbst hat im Tod Jesu das Werk der Verherrlichung seines Sohnes vollendet.

Psalmgebete: Christus der gute Hirt – Osterpsalm

Psalm 23

Der Herr ist mein Hirt, nichts kann mir fehlen.

2 Auf grünen Auen lässt er mich lagern.

Er führt mich zur Ruhe an frische Wasser,

3 er stillt mein Verlangen.

Er leitet mich auf rechten Pfaden getreu seinem Namen.

4 Muss ich auch gehen in finsterer Schlucht,

ich fürchte kein Unheil: Du bist ja bei mir!

Dein Stab und dein Stecken, sie geben mir Zuversicht.

5 Du deckst mir den Tisch

vor den Augen meiner Bedränger.

Du salbst mein Haupt mit Öl;

bis zum Rande gefüllt ist mein Becher.

6 Nur Güte und Liebe werden mich verfolgen

alle Tage meines Lebens.

Und wohnen darf ich im Hause des Herrn

bis in die fernsten Tage.

Der Auferstandene ist der gute Hirte. Daher wird zwei Wochen nach Ostern das Evangelium vom guten Hirten gelesen. Der gute Hirte führt uns auf grüne Auen und an frische Wasser. Wenn der gute Hirte bei mir ist, dann wage ich zu sprechen: »Muss ich auch gehen in finsterer Schlucht, ich fürchte kein Unheil: Du bist ja bei mir« (Ps 23,4). Der Antwortruf fasst die Ostererfahrung mit Christus, dem guten Hirten, zusammen in das Bekenntnis: »Nichts kann mir fehlen.« Vielleicht kommt manchem Beter dieses Wort allzu optimistisch vor. Manchmal habe ich doch das Gefühl, dass ich zu kurz gekommen bin. Ich habe als Kind nicht die Liebe erfahren, nach der ich mich gesehnt habe. Oft fühle ich mich übersehen. Mir fehlen die Zuwendung und Anerkennung der Menschen. Mir mangelt es an Selbstvertrauen. Mir geht der Mut ab, die Dinge anzupacken, die erledigt werden müssten. Wie kann ich also singen: »Nichts kann mir fehlen«?

Indem ich diesen Vers immer wieder singe, singe ich mich hinein in die Sehnsucht, dass diese Worte sich an mir bewahrheiten. Im Singen spüre ich, dass dieses Wort etwas anrührt in meiner Seele. Ich hoffe, dass dieses Wort stimmt. Wenn es stimmt, dann wird meine Seele weit. Dann fühle ich mich frei. Teresa von Ávila hat das berühmte Wort gesprochen: »Gott allein genügt.« Das war für sie eine sehr prägende Erfahrung. Mitten in ihren Sorgen um ihre Klostergründungen, angefochten von außen und innen, durfte sie im Gebet eine solche Nähe Gottes erfahren, dass sie spürte: Gott genügt wirklich. Wenn ich Gott habe, habe ich alles. Dann fehlt mir nichts. So eine Erfahrung kann man nicht einfach selbst hervorrufen. Sie ist immer Geschenk. Aber indem wir immer wieder glaubend und vertrauend dieses Wort singen, wächst in uns die Sehnsucht nach dieser Erfahrung. Und in der Sehnsucht ist schon etwas von dieser Erfahrung in uns. Das Innerste unserer Seele weiß schon: Ja, eigentlich fehlt mir nichts. Wenn Christus, der gute Hirte, bei mir ist, dann ist es nicht so wichtig, ob der oder die mich annimmt oder nicht, ob ich dieses oder jenes erreiche oder nicht. Wenn Christus, der den Tod überwunden hat, bei mir ist, dann ist das für mich genug. Dann fehlt mir wahrhaft nichts mehr.

Psalmgebete: Christus das Licht – Osterpsalm

Psalm 27

1 Der Herr ist mein Licht und mein Heil:

Wen sollte ich fürchten?

Der Herr schützt mein Leben:

Vor wem sollte ich bangen?

2 Dringen Frevler auf mich ein, mich zu verschlingen:

meine Bedränger und Feinde, sie straucheln und fallen.

3 Mag ein Heer mich belagern,

mein Herz wird sich nicht fürchten.

Mag gegen mich der Kampf entbrennen,

ich bleibe dennoch voll Zuversicht.

4 Eines erbat ich vom Herrn,

danach verlangt mich:

im Haus des Herrn zu wohnen alle Tage meines Lebens,

die Freundlichkeit des Herrn zu schauen

und nachzusinnen in seinem Tempel.

5 Er birgt mich unter seinem Dach am Tag des Unheils,

er beschirmt mich im Schutz seines Zeltes,

er hebt mich empor auf den Felsen.

6 Nun kann mein Haupt sich erheben

über die Feinde, die mich umringen.

So will ich Opfer bringen in seinem Zelt, Opfer mit Jubel,

dem Herrn will ich singen und spielen.

7 Höre, o Herr, den Ruf meiner Stimme,

sei mir gnädig und gib mir Antwort!

8 Mein Herz denkt an dein Wort:

»Suchet mein Antlitz!«

Dein Antlitz, o Herr, will ich suchen.

9 Verbirg mir nicht dein Antlitz,

weise deinen Knecht nicht im Zorne zurück,

du hast mir doch immer geholfen.

Verstoß mich nicht, verlass mich nicht,

du Gott meines Heiles.

10 Selbst wenn mich Vater und Mutter verlassen,

der Herr gibt mir Heimstatt.

11 Weise mir, Herr, deinen Weg,

führe mich, meinen Gegnern zum Trotz, auf ebenem Pfade.

12 Gib mich nicht preis der Gier der Bedränger,

denn falsche Zeugen standen gegen mich auf

und schnauben Gewalttat.

13 Ich aber glaube fest:

Die Güte des Herrn werde ich schauen im Lande der Lebenden.

14 Harre auf den Herrn und sei stark,

fasse Mut und harre des Herrn.

Psalm 27 beginnt mit dem starken Bekenntnis: »Der Herr ist mein Licht und mein Heil: Wen sollte ich fürchten?« (Ps 27,1).

Die Liturgie hat diesen Vers auf das Geheimnis der Auferstehung hin gedeutet. In der Auferstehung Jesu ist es für uns Gewissheit geworden, dass Gott unser Licht und Heil ist. Wir brauchen nichts mehr zu fürchten. Selbst der Tod ist nicht mehr zu fürchten. Er kann uns nicht von dem Heil trennen, das uns in der Auferstehung Jesu Christi zuteilgeworden ist. Der Psalm endet in dem Vertrauen: »Ich aber glaube fest: Die Güte des Herrn werde ich schauen im Lande der Lebenden« (Ps 27,13). Das ist ein Bild für das Geheimnis der Auferstehung. Da werden wir im Land der Lebenden, die nicht mehr sterben werden, für immer Gottes Güte schauen, die uns gilt.

Der Ruf nimmt einen Vers aus Psalm 27 heraus, der auf den ersten Blick eher in die Adventszeit passt als in die Osterzeit. Das Antlitz Gottes zu suchen entspricht der tiefsten Sehnsucht des Menschen. Doch die Liturgie deutet diesen Vers als Osterruf. Der Psalmist verbindet seine Suche nach dem Antlitz Gottes mit der Bitte: »Verbirg mir nicht dein Antlitz!« (Ps 27,9)

Es ist eine Urangst im Menschen, dass Gott im Tod sein Antlitz vor ihm verbergen könnte und dass er in die bodenlose Dunkelheit hineinstirbt. Doch Auferstehung ist die Gewissheit, dass uns im Tod Gottes gnädiges Antlitz erwartet. Das meint die Bitte, die den Glauben an die Auferstehung einüben und immer mehr unserem Herzen einprägen will: »Dein Antlitz, o Herr, will ich suchen« (Ps 27,8).

Psalmgebete: Erntedank

Psalm 65

2 Dir gebührt Lobgesang,

du Gott auf dem Zion.

Dir erfüllt man Gelübde, –

3 du erhörst die Gebete.

Zu dir kommt alles Fleisch,

4 die Schuld zu bekennen.

Zu schwer für mich sind unsre Frevel,

nur du kannst sie vergeben.

5 Selig, den du erwählst und dir nahen lässt:

In deinen Höfen darf er wohnen.

Wir wollen uns sättigen am Gut deines Hauses,

am Gut deines heiligen Tempels.

6 Mit staunenswerten Taten gibst du uns Antwort in Treue,

du Gott unsres Heiles,

du Zuversicht aller Enden der Erde

und der fernsten Gestade,

Grundgebete der Christen

7 der die Berge festigt in seiner Kraft,

der sich gürtet mit Stärke,

8 der das Brausen der Meere stillt,

das Brausen ihrer Wogen, das Tosen der Völker.

9 Es erschauern vor deinen Zeichen,

die da wohnen an den Enden der Erde.

Des Morgens und des Abends Tore machst du jauchzen.

10 Du sorgst für das Land und tränkst es,

du überschüttest es mit Reichtum.

Der Gottesbach hat Wasser in Fülle.

Gedeihen lässt du das Getreide.

Ja, so lässt du gedeihen:

11 Du wässerst die Furchen, du ebnest die Schollen,

du machst sie weich durch Regen,

du segnest ihre sprossenden Saaten.

12 Du krönst das Jahr mit deiner Güte,

von Fett triefen deine Spuren,

13 es triefen die Weiden der Steppe,

mit Jubel gürten sich die Höhen.

14 Die Anger bekleiden sich mit Schafen,

die Täler hüllen sich in Korn.

Sie jauchzen, ja, sie singen.

Im Psalm 65 dankt der Beter für Gottes Gaben. An Erntedank können wir mit dem Psalmisten beten: »Du sorgst für das Land und tränkst es; du überschüttest es mit Reichtum. Der Gottesbach hat Wasser in Fülle. Gedeihen lässt du das Getreide« (Ps 65, 10 f.). Der, der das Jahr mit seiner Güte krönt (Ps 65, 16), ist der Gott unseres Heils. Es ist der Gott, der unser Heil will, der unsere Wunden heilt, der uns Heilung und Rettung schenkt. An Erntedank danken wir Gott für alles, was er in uns reifen ließ. Wie bei den Früchten der Erde geschieht Reifung auch bei uns durch viele Krisen hindurch. Solange wir im Wachstumsprozess stecken, haben wir den Eindruck, dass es nur weh tut. Die Geburtswehen für das, was in uns wachsen möchte, sind oft sehr schmerzlich. Der Psalmruf verweist uns auf den Gott unseres Heils. Gott will unser Heil. Das ist sein Wesen.

Der Psalmist schildert das Heil, das Gott uns schenkt, in vielen Bildern. Da sind die Bilder aus der Natur: »Die Anger bekleiden sich mit Schafen, die Täler hüllen sich in Korn. Sie jauchzen, ja, sie singen« (Ps 65,14).

Sie wollen uns gerade am Erntedankfest einladen, die Fruchtbarkeit der Erde als Bild für die eigene Fruchtbarkeit zu nehmen und Gott dafür zu danken. Doch Gott erweist sich als Gott unseres Heils auch darin, dass er uns unsere Schuld vergibt und dass wir in seinen Vorhöfen wohnen dürfen. Im Haus Gottes will sich der Beter an den Gütern Gottes sättigen (Ps 65,5).

Gott selbst ist es, der unseren tiefsten Hunger stillt. Die Speisen sättigen uns immer nur kurze Zeit. Da sehnen wir uns nach der Speise, die uns wirklich nährt, nach dem Brot vom Himmel, das unseren Seelenhunger stillt.

Psalmgebete: Vergiss nicht, was Gott dir Gutes getan

Psalm 103

Lobe den Herrn, meine Seele,

und alles in mir seinen heiligen Namen!

2 Lobe den Herrn, meine Seele,

und vergiss nicht, was er dir Gutes getan hat.

3 All deine Schuld vergibt er,

alle deine Gebrechen heilt er.

4 Aus dem Untergang erlöst er dein Leben,

er krönt dich mit Erbarmen und Liebe.

5 Er sättigt dein Leben mit Gutem;

wie dem Adler wird dir die Jugend erneuert.

6 Der Herr vollbringt gerechte Taten,

allen Unterdrückten schafft er Recht.

7 Dem Mose hat er seine Wege kundgetan,

den Kindern Israels seine Werke.

8 Der Herr ist barmherzig und gnädig,

voll Langmut und reich an Liebe.

9 Er wird nicht rechten für immer

und trägt nicht ewig nach.

10 Er handelt an uns nicht nach unsern Sünden,

vergilt uns nicht nach unsrer Schuld.

11 Denn so hoch der Himmel über der Erde,

so machtvoll ist seine Liebe über denen, die ihn fürchten.

12 So weit der Aufgang vom Untergang,

so weit entfernt er unsre Frevel von uns.

13 Wie sich ein Vater erbarmt seiner Kinder,

so erbarmt der Herr sich derer, die ihn fürchten.

14 Denn er weiß, woraus wir gebildet sind,

er denkt daran: Wir sind nur Staub.

15 Der Mensch – wie Gras sind seine Tage,

wie die Blume des Feldes, so blüht er.

16 Fährt der Wind darüber, ist sie dahin,

selbst der Ort, wo sie stand, hat sie vergessen.

17 Doch die Liebe des Herrn währt immer und ewig

über denen, die ihn fürchten.

Seine Gerechtigkeit erfahren noch Kinder und Enkel,

18 alle, die seinen Bund bewahren,

die seiner Gebote gedenken und danach handeln.

19 Der Herr hat seinen Thron im Himmel errichtet,

und seine Königsmacht regiert das All.

20 Lobt den Herrn, ihr seine Boten,

ihr starken Helden, die sein Wort vollstrecken,

die ihm gehorchen aufs Wort!

21 Lobt den Herrn, ihr seine Scharen alle,

ihr Diener, die seinen Willen vollziehen!

22 Lobt den Herrn, ihr seine Werke alle

an allen Orten seiner Herrschaft!

Du, meine Seele, lobe den Herrn!

Wohl jeder hat in seinem Leben schon erfahren, dass Gott Gutes an ihm getan hat. Maria hat in ihrem Loblied Gott gepriesen, dass er auf sie, die niedrige Magd, geschaut hat. Wir dürfen dankbar sein dafür, dass wir in der Welt sind, dass wir einmalig sind, von Gott mit unserem Namen gerufen. Gott hat uns Gaben geschenkt. Die größte Gabe ist die Fähigkeit zu lieben. Der Ruf fordert uns auf, nie zu vergessen, was Gott uns Gutes getan hat. Wir sind oft fixiert auf das, was uns zu schaffen macht, und vergessen das, was uns geschenkt worden ist. Der Psalm fordert uns zur Dankbarkeit auf. Danken kommt von denken. Wir sind oft gedankenlos und denken nicht mehr an das Gute, das wir empfangen haben.

Der Psalmist dankt Gott dafür, dass er unsere Schuld vergibt und unsere Gebrechen heilt. Es ist ein heilender und befreiender Gott. Vor ihm können wir unsere Schuldgefühle ablegen. Gott nimmt uns bedingungslos an. Er entmachtet in uns den inneren Richter, das eigene Über-Ich, das uns ständig anklagt. Gott ist wie ein Vater, der sich seiner Kinder erbarmt. Und Gott rettet uns vor dem Untergang. Wie dem Adler erneuert er uns die Jugend. Gott ist der ewig Neue, der uns erneuert, wenn wir träge geworden sind und wenn die Vergangenheit uns belastet. Wenn wir Gott im Loblied dafür preisen, was er an uns getan hat und ständig tut, dann erfahren wir im Singen Gottes heilende und liebende Nähe. Dann sind wir nicht gedankenlos, sondern dankbar, dann vergessen wir nicht, sondern erinnern uns. Wir bringen das, was wir erfahren haben, in unser Herz, damit es sich dort heilend auswirkt.

Grundgebete der Christen

Psalmgebete: Aus der Tiefe rufe ich – Sehnsuchtspsalm

Psalm 130

Aus der Tiefe rufe ich, Herr, zu dir,

2 höre, o Herr, meine Stimme,

lass deine Ohren achten auf mein lautes Flehn!

3 Wolltest du, Herr, die Sünden beachten,

Herr, wer könnte bestehn?

4 Doch bei dir ist Vergebung,

dass man in Ehrfurcht dir diene.

5 Ich hoffe auf den Herrn,

es hofft meine Seele,

ich harre auf sein Wort.

6 Meine Seele wartet auf den Herrn

mehr als der Wächter auf den Morgen.

Mehr als den Morgen die Wächter

7 erwarte Israel den Herrn!

Denn beim Herrn ist die Liebe,

bei ihm ist Erlösung in Fülle.

8 Ja, er wird Israel erlösen

von all seinen Sünden!

Am Ende des Kirchenjahres verweist uns die Kirche auf das Ende der Welt. Im Tod des Einzelnen kommt seine Welt zum Ende. Da ist für den Einzelnen der Jüngste Tag. Psalm 130 wird in der Totenliturgie gebetet, vor allem wegen des ersten Verses: »Aus der Tiefe rufe ich, Herr, zu dir: Höre, o Herr, meine Stimme!« (Ps 130,1 f.).

Selbst aus der Tiefe des Totenreiches gelangt unsere Stimme zu Gott, der sie erhört. Der Psalm 130 ist auch ein Sehnsuchtspsalm. Wir sehnen uns am Ende des Kirchenjahres nach der Vollendung in Gott. Der Blick auf das Ende ist keine Flucht vor den Problemen unseres Lebens, sondern relativiert sie. Wir spüren, dass es noch etwas anderes gibt, was uns erwartet. Was uns erwartet, das erfüllt unsere tiefste Sehnsucht. So beten wir mit dem Psalmisten: »Meine Seele wartet auf den Herrn mehr als die Wächter auf den Morgen« (vgl. Ps 130,6).

Wenn wir an das Ende unseres Lebens und an das Ende der Welt denken, tauchen ambivalente Gefühle in uns auf. Da ist das Gefühl der Sehnsucht. Wir sehnen uns nach wirklichem Leben. Wir spüren, dass alles, was hier ist, vorläufig ist, brüchig, hinfällig, unzuverlässig. Wir sehnen uns nach Leben, das Bestand hat. Wir wissen: Wenn Gott kommt, dann sind wir gerettet. Denn bei Gott »ist Erlösung in Fülle« (Ps 130,7).

Doch zugleich steigt – fast unvermeidbar – lähmende Angst in uns hoch, wenn wir an unseren Tod denken. Wir hängen am Leben und verleugnen unsere Endlichkeit. Die apokalyptischen Texte, die wir am Ende des Kirchenjahres hören, sprechen davon, dass die Sonne sich verfinstert und die Sterne vom Himmel fallen. So fühlen wir uns, wenn wir an unseren Tod denken. Doch der Psalmist ermahnt uns, nicht stehen zu bleiben beim Blick auf das Zusammenbrechen der Welt und unseres Lebens. Vielmehr sollen wir aus der Tiefe heraus zu Gott rufen und vertrauen, dass er unsere Stimme hört.

Psalmgebete: Auf Gott vertrauen

Psalm 139

Herr, du erforschst und du kennst mich,

1 ob ich sitze oder stehe, du weißt es.

Meine Gedanken durchschaust du von ferne.

2 Ob ich gehe oder ruhe – du ermisst es,

du bist vertraut mit all meinen Wegen.

3 Mir kommt kein Wort auf die Zunge,

das du, o Herr, nicht schon wüsstest.

4 Von hinten und von vorne hältst du mich umfangen,

du legtest deine Hand auf mich.

5 Zu wunderbar für mich ist solches Wissen,

zu hoch – ich kann es nicht erfassen.

6 Wohin soll ich gehen vor deinem Geist,

wohin vor deinem Antlitz fliehen?

7 Stieg ich empor zum Himmel – du bist dort,

und legte ich mich nieder in der Unterwelt –

du bist zugegen.

8 Nähm ich der Morgenröte Flügel

und ließe mich nieder am Ende des Meeres –

9 auch dort führt mich deine Hand,

und deine Rechte hält mich.

10 Und sagte ich: »Die Finsternis soll mich verschlingen,

wie sonst das Licht soll mich die Nacht umgeben!« –

11 vor dir ist auch die Finsternis nicht finster:

Die Nacht strahlt wie der Tag,

wie das Licht ist die Finsternis.

12 Du hast mein Innerstes gebildet,

hast mich gewoben im Schoß meiner Mutter.

13 Ich danke dir, dass ich so staunenswert

und wundersam gemacht bin.

Ja, das weiß ich: Wunderbar sind deine Werke!

14 Dir waren meine Glieder nicht verborgen,

als ich gestaltet wurde im Geheimen,

kunstvoll gewirkt in den Tiefen der Erde.

15 Deine Augen sahen, wie ich entstand,

in deinem Buch war schon alles verzeichnet.

16 Meine Tage waren schon gebildet,

als noch keiner von ihnen da war.

17 Wie hoch, o Gott, sind mir deine Gedanken,

wie gewaltig ist ihre Fülle!

18 Wollt ich sie zählen, es wären mehr

als die Körner im Sand!

Ich erwache: Und immer noch bin ich bei dir.

19 O Gott, vernichte doch den Frevler!

Ihr blutgierigen Menschen, lasst ab von mir!

20 Sie reden gegen dich voll Arglist.

Im Wahn erheben sich deine Gegner.

21 Sollten mir nicht verhasst sein, o Herr, die dich hassen?

Ein Gräuel sind mir, die sich gegen dich empören!

22 Ganz und gar lehne ich sie ab!

Mir selber wurden sie zu Feinden!

23 Erforsche mich, Gott, und erkenne mein Herz,

prüfe mich, wisse um meine Gedanken

24 Schau her, ob ich auf einem Weg bin, der dich kränkt,

und führe mich auf dem Weg der Ewigkeit!

In Psalm 139 tritt uns ein Mensch entgegen, der überzeugt ist, dass Gott vertraut ist mit all seinen Wegen und ihn überall umgibt. Gott erforscht sein Herz. Aber Gottes Gegenwart ist für ihn nicht unangenehm oder gar kontrollierend. Vielmehr ist sich der Beter der liebenden und heilenden Nähe Gottes überall gewiss. Vor Gott zu fliehen wäre töricht. Es würde auch heißen, vor sich selbst davonzulaufen: »Stieg ich empor zum Himmel – du bist dort, und legte ich mich nieder in der Unterwelt – du bist zugegen. Nähm ich der Morgenröte Flügel und ließe mich nieder am Ende des Meeres – auch dort führt mich deine Hand, und deine Rechte hält mich« (Ps 139,8-10).

Gottes Hand erdrückt mich nicht, sondern sie hält mich umschlungen. Sie schützt mich. Sie führt mich. An der Hand Gottes kann ich überall hingehen, ohne Angst, irgendwo allein zu sein, irgendwo ohne Schutz zu sein. Aus Gottes Hand kann ich nicht fallen. Es ist Gottes rechte Hand. Rechts symbolisiert im Traum immer das Bewuss-te, das Männliche, das Erfolgreiche, das Tun. Gottes rechte Hand ist die Hand, die mich mit Kraft umgibt, die mich lehrt zu kämpfen, die mir den rechten Weg weist. Wir beten nicht darum, dass Gottes Hand uns halte. Wir singen aus dem Glauben heraus, dass es so ist. Aber singend spüren wir auch Zweifel an diesem Vertrauen. Das Singen soll die Zweifel an Gottes heilender Nähe aus unserem Herzen vertreiben und es immer mehr mit Vertrauen erfüllen, damit wir den heutigen Tag aus dieser Gewissheit heraus leben: Ich bin nicht allein. Gottes Rechte hält mich. Niemand kann mich dieser Hand Gottes entreißen, weder ein Versagen noch eine Bedrängnis von außen, keine Kritik und keine Verleumdung. Gottes Hand schützt mich vor den gierigen Händen, die nach mir greifen möchten. Sie gibt mir Halt, wenn Menschen mir ihre Hand verweigern oder mich aus ihrer Hand fallen lassen. »Deine Rechte hält mich.« Aus dieser Gewissheit heraus kann ich heute getrost leben, in Gelassenheit und voll Vertrauen.

Psalmgebete: Halleluja! – Pfingstpsalm

Psalm 150

Lobt Gott in seinem Heiligtum,

lobt ihn in seiner mächtigen Feste!

2 Lobt ihn ob seiner gewaltigen Taten,

lobt ihn in der Fülle seiner Hoheit!

3 Lobt ihn mit dem Schall der Posaunen,

lobt ihn mit Harfe und Leier!

4 Lobt ihn mit Pauke und Reigen,

lobt ihn mit Flöten und Saitenspiel!

5 Lobt ihn mit hellen Zimbeln,

lobt ihn mit schmetternden Zimbeln!

Alles, was Atem hat, lobe den Herren!

Am 50. Tag der Osterzeit endet diese mit dem Pfingstfest. An Pfingsten steht die Blüte, die an Ostern aufgebrochen ist, in voller Pracht. Die Zahl 50 ist seit jeher voller Symbolik. Mit 50 rundet sich das Leben ab. Die Römer brauchten ab 50 keinen Kriegsdienst mehr zu leisten. Die Israeliten entließen im 50. Jahr ihre Sklaven. So verheißt uns das Pfingstfest, dass wir nicht mehr zu kämpfen brauchen gegen uns oder andere, sondern einfach sein dürfen, weil wir vom Heiligen Geist erfüllt sind. Und wo der Geist des Herrn ist, da ist Freiheit. Da sind wir nicht mehr abhängig von den Erwartungen der anderen. Da sind wir wahrhaft frei.

Ausdruck dieser inneren Vollendung und Freiheit ist Psalm 150, das große Halleluja. Was das Wort Halleluja ausdrückt, »Lobet Jahwe«, das wird in diesem Psalm entfaltet. Da werden wir aufgerufen, Gott in seinem Heiligtum zu loben, für seine großen Taten und in seiner gewaltigen Größe. Alle Instrumente werden aufgezählt, mit denen wir Gott loben sollen. Das Aneinanderreihen der Instrumente ist wie eine Steigerung des Lobens. Jetzt am Ende des Psalteriums bleibt nur noch das Loben. Spricht der erste Psalm vom Nachsinnen und Meditieren der göttlichen Weisung, so endet alles Beten jetzt im letzten Psalm im Lobpreis.

Indem wir mit allen Instrumenten Gott in seinem Heiligtum loben, haben wir Anteil an der Festfreude dieses Jubels. Da wird unser Herz frei von allen Sorgen und Ängsten. Das Loben erhebt unser Herz zu Gott. Psalm 150 beendet nicht nur den Psalter, sondern auch das Heilsgeschehen in Christus. Es ist ein österliches Lied, das uns die Kirche immer wieder in den Mund legt. In ihm drücken wir die innere Freiheit aus, die wir an Ostern erfahren haben, die Freiheit von all den Fesseln, die uns gefangen hielten. Der Stein, der auf dem Grab lag, ist weggewälzt. Die Todeswächter fallen zu Boden. Die inneren Stimmen, die uns niederdrücken, werden an Ostern entmachtet. So lädt uns die Kirche ein, in der Osterzeit immer wieder das Halleluja zu singen und im Singen frei zu werden von allem, was uns am Leben hindern möchte, uns hineinzusingen in die Osterfreude und in die Lebendigkeit, die in der Osterzeit immer tiefer in uns eindringen möchte. Augustinus hat in einer schönen Predigt beschrieben, dass wir hier in Sorge das Halleluja singen, das die Engel in der Erfüllung singen. Im Singen haben wir teil an der Vollendung der Engel. So möchte ich die Ausführungen über die Psalmen und das Halleluja-Singen, in dem sie münden, mit den Worten des heiligen Augustinus beschließen: »o seliges Halleluja! O Halleluja in Geborgenheit, ohne Widersacher! Wo kein Feind mehr ist und kein Freund verloren geht! Dort und hier gibt es Lob Gottes: hier von Seiten derer, die noch in Sorge sind, dort aber von den Siegern in Ewigkeit. Hier in Hoffnung, dort in Erfüllung. Hier auf dem Weg, dort in der Heimat. Heute lasst uns singen, nicht um uns der Ruhe zu erfreuen, sondern um in der Drangsal Trost zu finden. So wie Wanderer zu singen pflegen: Singe, aber schreite aus! Singend tröste dich in der Not, liebe die Verdrossenheit nicht! Singe und schreite aus! Mach Fortschritte im Guten! Singe und wandere!«

Gebet zu Jesus

Jesus, du bist mein Bruder, der mich begleitet

auf meinen Wegen.

Manchmal ist mir Gott so fern und ich kann ihn mir gar

nicht vorstellen. Dann versuche ich, mir das Bild vor Augen

zu halten, wie du damals auf die Menschen zugegangen bist,

wie du sie von ihren Krankheiten geheilt und sie wieder

aufgerichtet hast, wenn sie mutlos waren.

Ich spüre die Kraft, die in dir steckt. Du hast keine Angst,

dich mit Menschen anzulegen, wenn sie sich hinter ihrer

frommen Fassade verstecken.

An dir kann keiner so leicht vorbeigehen.

Schenke mir etwas von deiner Kraft, von deiner Geradlinig-

keit, von deiner Klarheit, aber auch von deiner Liebe und

Güte, von deinem Vertrauen und deiner Zuversicht.

Dann wird mir mein Leben gelingen.